Ian Coffey

Was Sie schon immer über das Gebet wissen wollten

Über den Autor

Ian Coffey ist Hauptpastor der Crossroads Church, einer internationalen Gemeinde in Frankreich. Er ist Autor von über zehn Büchern und ein beliebter Konferenzredner.

Ian Coffey

Was Sie schon immer über das Gebet wissen wollten

MIX
Papier aus verantwor-
tungsvollen Quellen
FSC® C014496

Verlagsgruppe Random House FSC-DEU-0100
Das für dieses Buch verwendete FSC®-zertifizierte Papier *EOS*
liefert Salzer, St. Pölten.

Die englische Originalausgabe
erschien im Verlag CWR, Waverley Abbey House, Waverly Lane,
Farnham, Surrey GU9 8EP, UK
unter dem Titel „What you always wanted to know about prayer ...
but were afraid to ask".
© 2007 by Ian Coffey
© der deutschen Ausgabe 2011 by Gerth Medien GmbH, Asslar,
in der Verlagsgruppe Random House GmbH, München
Aus dem Englischen übersetzt von Elke Wiemer.

Die Bibelzitate wurden, sofern nicht anders angegeben,
der „Gute Nachricht Bibel" entnommen.
Revidierte Fassung, durchgesehene Ausgabe in neuer
Rechtschreibung,
© 2000 Deutsche Bibelgesellschaft, Stuttgart.
Weitere Bibelübersetzungen:
Einheitsübersetzung der Heiligen Schrift,
© 1980 Katholische Bibelanstalt, Stuttgart (EÜ).

1. Auflage 2011
Bestell-Nr. 816577
ISBN 978-3-86591-577-1

Umschlaggestaltung: Hanni Plato
Umschlagfoto: SXC.HU
Satz: Die Feder GmbH, Wetzlar
Druck und Verarbeitung: GGP Media GmbH, Pößneck
Printed in Germany

Mein Dank gilt Alec, Lyndon,
Graham, Clive und Nick
für die gemeinsamen Jahre
in unserem Gebetskreis.

Inhalt

Einleitung

Fragen sind gut.

Sie bringen uns zum Nachdenken, helfen Beziehungen zu bauen, erweitern unseren Horizont und sind der erste Schritt zu Wissen und Verstehen.

Aber manchmal sind Fragen auch schlecht.

Sie können an unserem Selbstbewusstsein zehren, uns den Mut nehmen, unser Vertrauen zerstören und Hindernisse auf dem Weg zum Glauben sein.

Aber Fragen gibt es nun einmal, und wir müssen uns irgendwie damit auseinandersetzen.

Wenn ich im Internet surfe, klicke ich häufig auf die FAQ-Seiten, weil man dort viel schneller Antworten findet, als wenn man sich durch den ganzen Internetauftritt klickt. Dort werden Fragen, die die Menschen häufig zu diesem Thema stellen, (hoffentlich) knapp und eindeutig beantwortet.

Dieses Buch soll Antworten zu einigen FAQs über das Gebet geben. Es ist keine detaillierte theologisch-philosophische Abhandlung über die Geheimnisse des Gebets und auch kein Handbuch, in dem alle Wege und Möglichkeiten aufgeführt werden, wie wir dieses großartige Geschenk Gottes erleben und genießen können. Darüber haben schon begabtere Menschen als ich geschrieben. Das hier ist – entschuldigen Sie den Ausdruck – eine idiotensichere Anleitung zum Gebet. Ich will sieben FAQs zum Gebet näher betrachten und einige Antworten dazu geben.

Zwei Gemeinden haben wesentlich zur Entstehung dieses Buches beigetragen. Die Mutley Baptist Church in Plymouth war zwölf glückliche Jahre lang unser Zuhause, bis ich 2004 als leitender Pastor an die Crossroads Church in Genf berufen wurde. In beiden Gemeinden gibt es viele wunderbare Menschen, die Fragen zum Gebet haben. Die Erfahrungen, die ich beim Leiten, Lehren, Ermutigen und Betreuen dieser Menschen gemacht habe, sind in dieses Buch eingeflossen.

Und viele dieser Menschen haben mich durch ihre sanfte Beständigkeit im Glauben angeregt, mehr über das Gebet zu lernen.

1.

WARUM IST BETEN WICHTIG?

Warum ist Beten wichtig?

Es gibt viele ehrgeizige Sportler und Sportlerinnen, die gerne so Fußball spielen würden wie Bastian Schweinsteiger, an Geräten turnen würden wie Fabian Hambüchen oder so Marathon laufen könnten wie Paula Radcliffe. Und auf dem Weg dorthin werden sie merken, dass man nur dann so gut wird, wenn man sehr viel trainiert.

Von dem polnischen Pianisten und Komponisten Ignaz Paderewski, der für sein vieles Üben bekannt war, erzählt man sich folgende Geschichte. Als er einmal vor Queen Victoria spielte, war diese so begeistert von seiner Darbietung, dass sie meinte: „Mr. Paderewski, Sie sind ein Genie!" Er erwiderte bescheiden: „Schon möglich, Eure Majestät, aber davor habe ich hart gearbeitet."

Was für die physische Welt gilt, gilt auch für die geistliche. Um gut in etwas zu sein, braucht es viel Zeit, Begabung und Übung. Das Gebet ist sehr wichtig für ein gesundes geistliches Leben. Jeder, der eine tiefe Geistlichkeit ausstrahlt, wird bestätigen, dass das Gebet dabei eine wesentliche Rolle spielt.

Die Tatsache, dass das Gebet für viele Menschen schwierig ist, beweist nur, wie wichtig es ist.

Die einfachste Definition von Gebet ist, sich mit Gott unterhalten. Für die meisten von uns ist es nicht besonders schwierig, sich zu unterhalten, weil wir es ständig tun. Umfragen haben ergeben, dass Männer durchschnittlich 2.000 Worte am Tag sprechen und Frauen 7.000 – was erklärt, weshalb es Frauen im Allgemeinen leichter fällt, Beziehungen zu knüpfen, als Männern. Worte sind wichtige Bausteine der Kommunikation.

Aber Gebet ist mehr, als mit Gott zu sprechen. Man muss sich auch darin üben zu hören, was er uns sagt – Gebet ist keine Einbahnstraße. Und je mehr wir uns darum bemühen, desto mehr werden wir belohnt.

Beim Gebet geht es darum, in unserer Beziehung zu Gott zu wachsen und seine Absicht für unser Leben zu entdecken. Ein Autor hat es einmal folgendermaßen ausgedrückt:

> *„Gebet ist eine Unterhaltung zwischen Freunden. Es ist nicht nur eine bequeme Art, Gott mitzuteilen, was wir denken oder wollen. Das Gebet ist das, wofür wir geschaffen sind. Das Gebet gehört zum Kern von Gottes Heilsplan. Um zu verstehen, welch ein ungeheures Vorrecht das Gebet ist und welche Bedeutung es hat, müssen wir es im Zusammenhang mit Gottes Absicht sehen, in Beziehung zu seinem Volk zu treten.“*[1]

Das erste große Gebet in der Bibel

Das erste Buch Mose ist das erste Buch der Bibel, und es geht darin um die Anfänge. In diesem Buch lesen wir von der Schöpfung und dem Sündenfall, und dann tritt Abraham auf den Plan, der als Freund Gottes bekannt wurde. Mitten in dieser Erzählung von Abraham und Gottes Handeln in seinem Leben wird vom ersten richtigen Gebet in der Bibel berichtet (1. Mose 18,20–33).

Abraham und seine Frau Sarah waren schon alt und kinderlos. Aber Gott hatte ihnen versprochen, dass ihnen im Alter noch ein Erbe geboren würde. An dieser Stelle der Erzählung setzt Gott einen Zeitpunkt für die Erfüllung dieser Verheißung fest, nämlich in zwölf Monaten. Diese Botschaft überbringt Gott persönlich, als er Abraham bei seinem Zelt in Mamre besucht. (Der Bericht steht in 1. Mose 18,1. Das nennt man eine Theophanie – eine Erscheinung Jesu, bevor er als Kind in Bethlehem zur Welt kam. Die anderen beiden Besucher waren Engel, siehe 1. Mose 18,16 und 19,1.)

Gegen Ende der Begegnung beschließt Gott, Abraham ins Vertrauen zu ziehen und ihm zu zeigen, was er vorhat. Ganz in der Nähe von Abrahams Wohnort lagen zwei Städte – Sodom und Gomorra –, die berühmt-berüchtigt waren. Gott verkündet Abraham, dass er vorhat, sich selbst davon zu überzeugen, ob diese Städte wirklich so schlecht sind wie ihr Ruf. Während Gott und Abraham ein ernstes Gespräch miteinander führen, werden die beiden Engel als himmlische Boten dorthin geschickt.

Nun folgt eine Erzählung, die beim ersten Lesen verwirrend und seltsam klingt. Abraham fragt Gott, ob er die Städte wirklich zerstören will, wenn sich, sagen wir einmal, fünfzig gerechte Menschen darin finden. Er argumentiert dabei mit seinem Verständnis von Gott als einem treuen und gerechten Gott: „Du bist der oberste Richter der ganzen Erde, darum darfst du nicht selbst gegen das Recht verstoßen!" (1. Mose 18,25). Wie könnte Gott also die Guten mit den Bösen in einen Topf werfen und beide dem gleichen Schicksal überlassen?

Im weiteren Verlauf des Gesprächs verhandelt Abraham immer weiter mit Gott und schraubt die Anzahl der Gerechten, derentwegen die Städte gerettet werden sollen, immer weiter herunter; in sage und schreibe sechs Anläufen handelt Abraham Gott von fünfundvierzig auf zehn herunter. Abraham erinnert an einen Händler auf einem orientalischen Bazar, als er mit Gott feilscht, bis er schließlich bei zehn Gerechten angekommen ist. Dann ist der Handel besiegelt: Wenn zehn Gerechte gefunden werden, soll den Städten das bevorstehende Gericht erspart bleiben.

Diese Unterhaltung ist in zweierlei Hinsicht für uns problematisch. Zum einen ist uns der Gedanke an einen Gott, der die Menschen richtet, unangenehm. Unser modernes, westlich geprägtes Gehirn stellt sich Gott als freundlichen, liebenden Gott vor, der niemals irgendjemandem böse sein könnte. Und zum anderen ist uns die Vorstellung, dass Abraham mit Gott feilscht, fremd. Lässt Gott mit sich handeln? Ist das Gebet etwa nur eine Art geistlicher Kuhhandel mit einem widerstrebenden Gott? Kann man sich aus dem Gericht herausreden?

Wenn wir diese voreiligen Schlüsse ziehen, verstehen wir die Bibel falsch. Die Bibel spricht sowohl von Gottes Gerechtigkeit als auch von seiner erlösenden Gnade. Wenn wir von den Zuständen in Sodom und Gomorra lesen, ist unschwer zu erkennen, dass hier auch das letzte bisschen menschlichen Anstands verschwunden war und nur noch Anarchie herrschte. In 1. Mose 19 wird sehr eindrücklich beschrieben, dass in diesen beiden Städten keine Spur von Gesetzestreue mehr zu finden war.

Wir lesen zwar, dass Abraham mit Gott wegen zehn Gerechten um die Städte verhandelt, aber wir dürfen dabei nicht vergessen, wer dieses Gespräch angefangen hat. Abraham hat Gottes Plan nicht zufällig entdeckt, sondern Gott hat ihm diesen in seiner Gnade offenbart. Die ganze Geschichte gehörte zu Gottes Plan, Abraham zu einem Mann des Glaubens zu machen und zum Vater all derer, die Kinder des Glaubens sind. Gott hat Abraham ganz nah an sein Herz gezogen.

Was lernen wir daraus über die Bedeutung des Gebets?

Aus Abrahams Glaubenslektion können wir zwei Dinge über das Gebet lernen und darüber, warum es so wichtig ist für ein gesundes geistliches Leben.

Gebet gründet sich auf unsere Beziehung zu Gott

Gott zeigte Abraham seine Pläne, weil er eine wichtige Rolle in Gottes Heilsplan spielte. Abraham sollte der Vater aller werden, die glauben (siehe Römer 4,11) und deshalb musste er verstehen, dass die Verheißung eines Erben Teil eines größeren Planes war. Abrahams „Segen" war nicht nur für ihn persönlich, sondern durch ihn wollte Gott die ganze Welt verändern. Abraham sollte gesegnet werden – und sollte dadurch wiederum zum Segen für alle werden. In 1. Mose 12,1–3 steht Gottes ursprüngliche Verheißung für Abraham, als er ihn aus der bequemen und sicheren Umgebung seiner Heimat herausrief. Der Weg zu diesem Segen war Abrahams Gehorsam gegenüber Gottes Berufung. Im Verlauf der Geschichte wurde Abrahams Gehorsam immer wieder auf die Probe gestellt und sein Glaube wurde geprüft.

Wir müssen die Geschichte von Sodom und Gomorra im Zusammenhang mit Gottes Lehrplan für Abrahams Leben sehen. Gott förderte in Abraham die Sorge um andere – und das zeigt sich darin, dass er für andere bittet. Dies ist das erste Fürbitte-Gebet, von dem in der Bibel berichtet wird, denn hier bittet Abraham Gott wegen ein paar Gerechten um Gnade für eine Stadt, der das Gericht droht.

Gott weiht Abraham in seine Pläne ein und nimmt ihn unter seine Fittiche, um ihn nach seinem Plan auszubilden.

Ein Autor hat es so ausgedrückt:

> *„Wie mit Abraham, will Gott auch mit uns eine persönliche Beziehung zum Wohl anderer aufbauen. Wir sind niemals das letzte Glied in der Kette. Er will, dass wir andere Menschen auf den Weg mit ihm bringen, weil jeder von uns seine individuellen Kontakte und Einflussmöglichkeiten hat. Gebet sollte für uns keine Pflichterfüllung sein, die zum Pauschalangebot des christlichen Glaubens gehört, auf das wir uns nun mal eingelassen haben. Vielmehr ist das Gebet das Mittel, durch das unsere lebendige Beziehung zu Gott vertieft und bereichert wird. Weil wir ihn lieben, wollen wir ihn besser kennenlernen, damit wir in dieser Welt mehr für ihn erreichen können. All das geschieht, wenn wir für andere beten."* [2]

Gebet gründet sich auf unsere Partnerschaft mit Gott

Wir könnten uns jetzt mit allen möglichen philosophischen Fragen zum Gebet beschäftigen. Hier nur einige „Appetithäppchen":

- Wenn Gott ohnehin schon beschlossen hat, was er tun wird, wozu sollen wir dann noch beten?
- Wie kann das Gebet einen allmächtigen und allwissenden Gott umstimmen?
- Wenn das Gebet Gott umstimmen kann, was für ein Gott ist das dann überhaupt?

- Werden im Gebet nicht einfach nur unsere tiefsten Gefühle und Wünsche laut – eher zu unserem persönlichen Trost, als um wirklich etwas zu bewirken?

So seltsam das klingen mag, aber die Bibel lehrt uns, dass Gott uns in seine Pläne einbeziehen will. Das Wort *Partnerschaft* ist ein wichtiger Schlüssel, um zu verstehen, wie Gebet funktioniert.

Sogar die Gebete, die wir sprechen, sind von Gott inspiriert. Er hat die Saat des Gebets in unsere Herzen gesät. In Römer 8,26–27 ist davon die Rede, dass der Heilige Geist uns beim Beten inspiriert und leitet. Abrahams Gebet hat bewirkt, dass sein Neffe Lot gerettet wurde, als Sodom und Gomorra zerstört wurden, und im Nachsatz heißt es: „Aber Gott hatte an Abraham gedacht" (1. Mose 19,29).

Als Kinder wollten wir vielleicht manchmal Mama in der Küche oder Papa im Garten helfen. Wie oft haben unsere Eltern dabei wohl gedacht, dass die Arbeit ohne unsere „Hilfe" viel schneller und einfacher erledigt wäre?! **Gott will uns in seine Pläne einbeziehen.**

Doch was ist mit all den Momenten, wo sie zu uns sagten: „Ich brauche heute wirklich deine Hilfe!"? Wie viel von dem, was wir heute wirklich gut können, haben wir gelernt, weil sich ein Erwachsener Zeit für uns genommen hat?

Wenn wir fragen, „Warum ist Gebet wichtig?", springen uns zwei Antworten aus der Bibel ins Auge. Zum einen will Gott, dass unsere Beziehung zu ihm wächst, und zum anderen macht er uns in seiner

Liebe und Gnade zu seinen Partnern und bezieht uns in sein Handeln ein.

Auch wenn das überwältigend klingen mag – wir spielen eine wichtige Rolle in Gottes Plan mit dieser Welt!

Und das Gebet ist der Schlüssel dazu.

2.

WARUM SCHEINT BETEN SO **SCHWER** ZU SEIN?

Warum scheint Beten so schwer zu sein?

Einer meiner Söhne kam nach seiner ersten Schulwoche nach Hause und verkündete, dass er nicht wieder dorthin gehen würde. Um herauszufinden, weshalb er so aufgebracht war, fragten meine Frau und ich ihn, weshalb er so wild entschlossen sei, nicht mehr in die Schule zu gehen. „Nun", erklärte er mit finsterer Miene, „ihr habt mir immer erzählt, wenn ich in die Schule gehe, kann ich selber Bücher lesen. Jetzt bin ich schon eine ganze Woche hingegangen und kann immer noch nicht lesen."

Ich habe so eine leise Ahnung, dass es uns mit dem Gebet genauso geht. Wir haben das Gefühl, dass wir schon lange genug mit Jesus leben, um es zu beherrschen – und dennoch versagen wir so oft. Also beschließen wir, es ganz aufzugeben.

Warum scheint Beten so schwer zu sein?

Jesus hat Enttäuschungen erlebt

Von engen Freunden hängen gelassen zu werden ist eine sehr unangenehme Erfahrung. Das hat Jesus am Abend seiner Festnahme erleben müssen, und Matthäus berichtet darüber auf lebhafte Weise in seinem Evangelium (Kapitel 26,31–56).

Jesus hatte gerade mit seinen Jüngern ein besonderes Abendessen genossen, und dann hatten sie sich auf den kurzen Weg zu jenem Hügel namens Ölberg gemacht. In einem Garten mit Olivenbäumen richtete Jesus seine letzten Worte an seine Freunde, bevor er verhaftet wurde. Der Name des

Gartens – Gethsemane – ist abgeleitet von dem aramäischen Wort für Ölpresse. Jesus war mit seinen Jüngern schon oft dort gewesen. Manche sehen eine Verbindung zwischen dem Namen des Gartens und der qualvollen Erfahrung, die Jesus dort machte. In der Ölpresse werden die Oliven „zerquetscht", und genauso fühlte sich Jesus dort auch. Andere verweisen auf die Parallele zwischen dem ersten Adam, der in einem Garten versagt hatte (in Eden) und dem zweiten Adam (Jesus), der in einem Garten siegte. (Die anderen drei Evangelien fügen dieser Begebenheit noch verschiedene weitere Informationen hinzu: Markus 14,32 ff., Lukas 22,39 ff. und Johannes 18,1 ff.)

Aus Matthäus' Bericht erfahren wir, dass Jesus vorausgesagt hat, dass seine Jünger ihn im Stich lassen werden. Er hat ihnen aber auch versichert, dass er trotz allem, was geschehen würde (seine Verurteilung und Kreuzigung), auferstehen und sie in Galiläa treffen würde. Petrus machte wie üblich zuerst den Mund auf und gelobte seine Treue, ganz egal, was kommen mochte. Jesus sagte ihm voraus, dass er noch vor dem morgendlichen Hahnenschrei sein Versprechen drei Mal brechen würde. Petrus tat das ab, und die anderen Jünger schlossen sich ihm an und erklärten ebenfalls ihre Treue.

Dann nahm Jesus seine engsten Freunde – Petrus, Jakobus und Johannes – zur Seite und ließ sie an seiner inneren Unruhe teilhaben. Er lud sie ein, in seiner dunkelsten Stunde bei ihm zu bleiben und mit ihm zu beten. Jesus begegnete dieser finsteren Stunde, indem er sich mit einem leidenschaftlichen Gebet an seinen Vater wandte, während seine treuen Freunde fest schliefen.

Man kann nicht sicher sagen, wie lange Jesus in jener Nacht gebetet hat, aber in den Evangelien wird berichtet, dass er drei Mal zu seinen Jüngern zurückgekommen ist und sie tief schlafend vorgefunden hat. In den dunkelsten Stunden seines Erdenlebens musste Jesus alleine beten.

Als Jesus seine Jünger das erste Mal schlafend fand, sagte er etwas, das sich Petrus, Jakobus und Johannes so einprägte, dass sie es sorgfältig festhielten: „Bleibt wach und betet, damit ihr in der kommenden Prüfung nicht versagt. Der Geist in euch ist willig, aber eure menschliche Natur ist schwach" (Matthäus 26,41).

Obwohl Jesus in jener Nacht in Gethsemane im Stich gelassen wurde, war er doch nicht desillusioniert, denn wie dieser Vers zeigt, wusste er, wie wir Menschen gestrickt sind. Aber in diesem Vers steckt auch eine Warnung und eine Anweisung. Jesus sagte sowohl seinen Freunden dort im Olivenhain, als auch allen seinen Nachfolgern zu jeder Zeit und an jedem Ort, dass Beten zwar schwierig ist, aber auch unbedingt notwendig, wenn wir dem Bösen widerstehen und rein bleiben wollen.

> Beten ist unbedingt notwendig, wenn wir dem Bösen widerstehen wollen.

Die moderne englische Übertragung „The Message" übersetzt den Vers etwa so:

> *„Seid wachsam; betet, damit ihr nicht in eine Versuchung hineintappt, ohne dass ihr überhaupt merkt, dass ihr in Gefahr seid. Ein Teil von euch brennt darauf, ganz Gott nachzufolgen, und ist zu allem bereit. Aber ein anderer Teil ist so faul wie ein alter Hund, der neben der warmen Heizung liegt."*

Ein Krieg an drei Fronten

Jemand, der mit Christus leben will, muss einen Kampf an drei Fronten kämpfen: Er kämpft mit der Welt, mit der menschlichen Natur und mit dem Bösen, und alle drei verbünden sich gegen jeden, der es mit dem Beten ernst meint.

Jede dieser Kräfte wirkt dem Wunsch zu beten sehr stark entgegen.

Die Welt

Darunter versteht die Bibel die Gemeinschaft der Menschen, die Gott missachten und sich seiner Herrschaft widersetzen. Ihr Kern besteht in ihrer Unabhängigkeit und ihrem Stolz. In dieser Umgebung ist das Gebet wie ein Fisch an Land.

Grundlage des Gebets ist unsere Abhängigkeit von Gott; die Welt behauptet, dass es diese Abhängigkeit nicht gibt.

Wir sind dazu aufgefordert, zwar in dieser Welt zu leben, aber nicht „von ihr" zu sein, und wir sollen die Menschen lieben, aber nicht ihre Maßstäbe und ihr Verlangen teilen (siehe 1. Johannes 2,15–17). Ein unbekannter Autor hat das einmal sehr schön ausgedrückt:

> *„Ein Schiff gehört aufs Meer,*
> *aber gnade Gott dem Schiff, wenn das Meer ins Schiff schwappt.*
> *Ein Christ gehört in die Welt,*
> *aber gnade Gott dem Christen, wenn die Welt ihn überkommt."*

Diese Welt, mit allem, was sie ist, hält uns vom Beten ab.

Die menschliche Natur

Als Jesus zu seinen drei engsten Freunden sagte, dass ihr Geist zwar willig, aber ihre menschliche Natur schwach sei, meinte er damit ihre menschliche Schwäche. Hier steht im Griechischen das Wort für „Fleisch", womit unsere menschliche Natur gemeint ist, die durch die Sünde verdorben ist.

An dieser zweiten Front kämpfen wir mit unserer sündigen menschlichen Natur, die sich mit dem Gebet überhaupt nicht verträgt. Unsere sündige Natur sagt: „Sieh es nicht so eng, geh deinem Verlangen nach und sieh zu, dass du nicht zu kurz kommst."

Deshalb sind die Jünger eingeschlafen, als Jesus in Not war. Sie wollten ihm ja helfen – aber ihr persönliches Bedürfnis nach einem Nickerchen hatte Vorrang.

Ein Grund, weshalb wir mit dem Beten solche Schwierigkeiten haben, ist, dass es gegen unsere menschliche Natur ist – und das ist nicht zu unterschätzen.

Der Teufel

Vergessen Sie einmal diese Karikatur von dem Typ mit dem Dreizack und dem Pferdefuß – denn es ist ihm nur recht, wenn wir auf diesen PR-Gag hereinfallen. Hinter dem Bösen steckt eine Persönlichkeit, und der Apostel Paulus beschönigte nichts, als er den Kampf mit dem Bösen beschrieb. Hier geht es nicht um einen menschlichen Feind, den wir mit herkömmlichen Waffen bekämpfen könnten. Wer mit Christus lebt, zieht in den Kampf gegen böse

Mächte und geistliche Kräfte, die unter dem Kommando eines Anführers stehen (siehe Epheser 6,12).

Diese Mächte wissen, welche Kraft das Gebet hat. William Cowper hat das in einem Reim so ausgedrückt: „Selbst der schwächste Christ treibt Satan in die Flucht, wenn er im Gebet die Hilfe sucht."

Ein Grund, weshalb uns das Beten so schwerfällt, ist, dass es starke Kräfte gibt, die entschlossen dafür sorgen wollen, dass so wenige Christen wie möglich Zugang zu diesen geistlichen Massenvernichtungswaffen finden.

Auf den Leim gegangen

Wenn wir bedenken, welche Mächte sich uns entgegenstellen, ist es kein Wunder, dass das Gebet für uns oft ein Kampf ist. Vielleicht geht es Ihnen wie mir und Sie wundern sich, dass überhaupt noch jemand betet! Aber das zeigt nur, wie groß Gottes Gnade mit uns ist, dass er Menschen das Verlangen schenkt, ihn anzubeten und zu beten.

In diesem Kampf an drei Fronten gibt es einige Großangriffe gegen diejenigen, die beten. Außerdem gibt es noch die subtile feindliche Propaganda, die uns ständig mit negativen Botschaften beeinflusst. Damit soll das Gebet in unserem Leben in den Hintergrund und ans Ende unserer Prioritätenliste verdrängt werden. Hier sind einige dieser Botschaften:

Beten ist schwer
Wenn man in irgendetwas gut sein will, braucht man Zeit und Übung. Aber auf dem Gebet liegt so

viel Segen, dass sich jede Anstrengung lohnt. Wie wir an den Bastian Schweinsteigers, Fabian Hambüchens und Paula Radcliffes unserer Zeit gesehen haben, gibt es ohne Anstrengung keinen Erfolg. „Wenig Gebet hat wenig Kraft" heißt ein Grundprinzip geistlichen Lebens. Aber die Umkehrung lautet: „Im Gebet liegt Kraft."

Beten ist langweilig

Viele wichtige Dinge sind deshalb langweilig, weil sie harte Arbeit erfordern. Jede Routine kann ermüdend werden. Deshalb müssen wir immer wieder neu dazu angeregt und herausgefordert werden. Für viele ist es eine Hilfe, mit jemand anderem oder in einer kleinen Gruppe zu beten. Das Gebet an sich ist nicht langweilig, aber wir brauchen vielleicht von Zeit zu Zeit einen neuen Ansatz.

Gebet zieht komische Menschen an

Die unausgesprochene zweite Hälfte dieses Einwandes lautet: „... und so will ich nicht werden."

Das stimmt nicht ganz. Die meisten Menschen, die beten, sind glücklich, heilig und normal. Nach meiner Erfahrung sind es Menschen, die ein erfülltes Leben führen und anderen dienen. Es stimmt zwar, dass das Gebet manchmal etwas exzentrische Menschen anzieht – aber die wären auch ohne Gebet exzentrisch. Es ist nicht das Gebet, das die exzentrische Art auslöst. Wichtig ist, dass diese Menschen mit Gott sprechen wollen und nach seinem Willen fragen. Diese Propaganda-Lüge hält im Licht der realen Erfahrung nicht stand.

Beten ist nicht meine Gabe

Es stimmt, dass manche Menschen in besonderem Maß zum Beten berufen sind und dies ihr Dienst ist. Aber das entschuldigt den Rest von uns nicht davon. Nicht jeder hat die neutestamentliche Gabe der Evangelisation (den Menschen die gute Nachricht zu bringen) – aber trotzdem sind alle Christen dazu aufgerufen, Jesus zu bezeugen. Genauso sind einige vielleicht dazu berufen, ihr Leben dem Gebet zu widmen, aber trotzdem ist jeder, der mit Jesus lebt, dazu aufgefordert zu beten.

Ich bin eher ein Täter als ein Beter

Ich weiß nicht, wie oft ich schon den Satz gehört habe: „Ich bin eher eine Martha als eine Maria." Diese Aussage basiert auf der Begebenheit in Lukas 10,38–42, wo Jesus zwei Schwestern besuchte, die gute Freunde von ihm waren. Maria saß zu seinen Füßen und hörte ihm zu, während Martha als Gastgeberin geschäftig umherlief. Manche Menschen sehen in den beiden Schwestern zwei unterschiedliche Menschentypen: Martha, die Aktive und Maria, die Nachdenkliche. Natürlich hat jeder Mensch sein eigenes Temperament und seine eigene Persönlichkeit. Im nächsten Kapitel werden wir sehen, wie diese Unterschiede sich in unserer Art zu beten niederschlagen. Aber die Kernaussage dieser Geschichte ist, dass wir Platz schaffen müssen für Jesus, ganz gleich, was für ein Persönlichkeitstyp wir sind.

> „Ich bin eher eine Martha als eine Maria."

Martha, die Aktive, soll sich bei Maria eine Scheibe abschneiden. Das Gebet ist für uns alle lebenswichtig – nicht nur für manche.

Die „7 mal 5"-Herausforderung

Die Antwort auf die Frage, wie man einen Elefanten verspeist, ist altbekannt: einen Bissen nach dem anderen.

Vielleicht haben Sie das Gefühl, dass sich Ihr Gebetsleben noch um Meilen verbessern müsste – dann fangen Sie doch einfach mal mit den ersten Zentimetern an.

Bei der „7 mal 5"-Herausforderung verpflichten Sie sich, sieben Tage lang täglich fünf Minuten mehr zu beten als normalerweise. Vielleicht beten Sie ja schon jeden Tag – dann beten Sie einfach fünf Minuten länger. Manche Menschen haben schon Mühe, überhaupt zu beten. Für sie besteht die Herausforderung darin, mit fünf Minuten anzufangen. Das können Sie jederzeit und überall tun, aber geben Sie Gott in der nächsten Woche fünfunddreißig Minuten mehr von Ihrer Zeit.

Jetzt fragen Sie sich vielleicht, wofür Sie beten sollen. Wenn Ihnen nichts einfällt, nehmen Sie doch einfach mal die Tageszeitung. Dort finden Sie jede Menge Menschen, die unsere Gebete brauchen. Beten Sie für Ihre Nachbarn, Freunde, Familie, für Ihren Ort und Ihre Gemeinde.

Und worin besteht die Herausforderung? Bitten Sie Jesus, Ihnen zu zeigen wie Sie beten sollen, und warten Sie ab, was dann passiert. Schauen Sie einmal in das Kapitel „P.S." am Ende des Buches und lesen Sie in den persönlichen Berichten, was andere für Erfahrungen mit Gebet gemacht haben.

WIE BETET MAN RICHTIG?

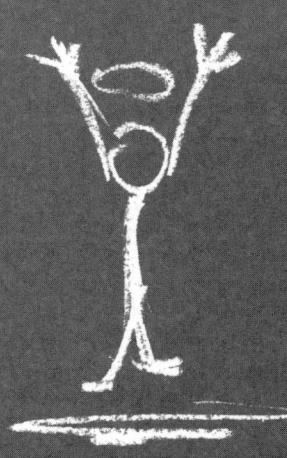

Wie betet man richtig?

Eines der bekanntesten Gebete der Welt ist das „Vaterunser", das Jesus seine Jünger gelehrt hat. Hier sind die berühmten Worte nach der Übertragung der „Willkommen-daheim"-Bibel:

> *„Unser Vater im Himmel,*
> *offenbare uns immer mehr, wer du bist.*
> *Errichte deine Herrschaft in unserer Welt;*
> *denn wo du herrschst, da ist der Himmel.*
> *Versorge uns mit allem,*
> *was wir Tag für Tag zum Leben brauchen.*
> *Vergib uns, wo wir schuldig wurden,*
> *so wie auch wir anderen vergeben haben.*
> *Hilf uns, wenn wir durch Versuchungen*
> *hindurchmüssen,*
> *und sei bei uns im Kampf gegen das Böse."*
> (Matthäus 6,9 ff.)

Diese Worte erinnern uns daran: Jesus wollte, dass seine Jünger lernten, mit Worten und Bildern aus der Alltagssprache zu beten. Das hilft uns besonders bei unserer dritten FAQ zum Gebet: Wie betet man richtig?

Angst vor Stolperfallen

Ich habe einmal eine Geschichte von einem Geschäftsmann gehört, der bei einer Konferenz dem Ehrengast und Hauptredner vorgestellt werden sollte. Der gute Mann hatte seine Kaffeetasse in der Hand, als er zu dem bekannten Redner geführt wurde, um ihm persönlich vorgestellt zu werden. Vor lauter Verlegenheit stolperte der Geschäftsmann und schüttete dem elegant gekleideten Redner den Kaffee über den Anzug.

Das ist unser schlimmster Albtraum – dass wir bei einer wichtigen Gelegenheit versagen und vor Scham fast im Boden versinken.

Diese Hemmungen empfinden wir oft auch beim Gebet, und diese Unsicherheit verhindert unsere guten Absichten. Mache ich das richtig? Soll ich mich setzen, hinknien, stehen oder umhergehen beim Gebet? Was soll ich mit meinen Händen tun? Soll ich den Kopf neigen? Und welche Sprache hat Gott lieber: Luther-Deutsch, „Willkommendaheim"-Deutsch, Englisch, oder soll ich in Zungen beten? Oder ist an den Gerüchten etwas dran, dass Gott nur Jiddisch spricht?

Die Gabe der Einzigartigkeit

Sehen Sie sich einmal Ihre Hände an. Ist Ihnen bewusst, dass es keinen zweiten Menschen auf der Welt gibt, der den gleichen Fingerabdruck hat wie Sie? Der Fingerabdruck ist ein eindeutiges Identifikationsmerkmal. Andere persönliche Kennzeichen können sich verändern, der Fingerabdruck nicht.

Genauso wenig wie es zwei Menschen mit dem gleichen Fingerabdruck gibt, gibt es auch keine zwei gleichen geistlichen Erfahrungen. Jeder von uns ist einzigartig und etwas ganz Besonderes in Gottes Augen. Diese umwerfende Tatsache ist eine der befreiendsten Entdeckungen, die wir machen können. Das zu begreifen, befreit uns zum Beten.

Eines der besten Bücher, das ich je zum Gebet gele-
sen habe, ist das des spanischen Psychiaters Pablo
Martinez. Er erklärt darin, wie sich unser Temperament, unsere Persönlichkeit und unsere Erfahrungen auf unsere Art zu beten auswirken. Ob wir eher
introvertiert oder extrovertiert sind, bestimmt den
Gebetsstil, den wir bevorzugen, und sogar unsere
körperliche Verfassung spielt eine Rolle. Es gibt vier
Haupttypen:

- der Denker (lässt sich von Logik leiten),
- der Gefühlsmensch (lässt sich von Gefühlen
  leiten),
- der intuitive Typ (schaut über das Vordergrün-
  dige hinaus)
- und der Sinnesmensch (lässt sich von seinen
  Sinnen leiten).

Jeder dieser Typen hat seine eigenen Stärken und Schwächen und
bevorzugt seinen ganz persönlichen Ansatz zum Gebet. Wenn
diese unterschiedlichen Per-
sönlichkeitstypen zusammen-
kommen, bereichern sie sich
gegenseitig und erzeugen einen
Synergie-Effekt beim Gebet. Martinez schreibt:

> Jeder von uns
> ist einzigartig
> und etwas ganz
> Besonderes in
> Gottes Augen.

*„Jesus, der vollkommene Mensch, vereinte alle vier
Typen in perfektem Gleichgewicht in sich. Er ist der
einzige Mensch, bei dem sie in Ausgewogenheit vor-
kommen ... Es ist beruhigend festzustellen, dass unser Temperament unserer Beziehung zu Gott ihren
einzigartigen Charakter verleiht."*[1]

Seien Sie ganz Sie selbst in Jesus

Das Gebet drückt sich durch unsere Persönlichkeit aus – Ihr „Sein" ist in Gottes Augen kostbar. Das soll keine Entschuldigung für Faulheit sein oder eine Ausrede dafür, sich nicht zu ändern. Das Wort „Jünger" deutet an, dass jemand lernt, sich verändert und reift. Aber Jesus hat uns befreit, damit wir wir selbst sind und nicht, damit wir uns den Vorstellungen anderer anpassen. Pablo Martinez hat sehr scharfsinnig bemerkt:

> „Wenn ich nicht das will, was du willst, versuche
> bitte nicht, mir einzureden, was ich will, sei falsch.
> Oder wenn ich anders glaube als du,
> halte wenigstens einen Moment inne,
> bevor du meine Ansichten korrigierst.
> Oder wenn ich stärker oder schwächer empfinde als
> du – unter den gleichen Umständen –, fordere mich
> bitte nicht auf, mehr oder weniger zu empfinden.
> Oder wenn ich etwas tue oder nach deinem
> Verständnis versäume, etwas zu tun, dann lass
> mich gewähren.
> Ich verlange nicht – jedenfalls im Moment nicht –,
> dass du mich verstehst.
> Das wirst du erst, wenn du bereit bist, aufzuhören,
> aus mir eine Kopie deiner selbst zu machen."[2]

So sieht Jesus das Gebet

Jesus hat über das Gebet gelehrt – und er hat es praktiziert. Aus seinen Lehren, wie sie in den Evangelien stehen, können wir einige wichtige Prinzipien lernen, um unser Gebetsleben zu fördern.[3]

Als Jesus in seiner bekannten Bergpredigt über das Gebet lehrt, warnt er seine Zuhörer vor einigen Fallen und gibt ihnen ein berühmtes Muster vor (Matthäus 6,5–15).

Er hebt drei Fallen hervor, die heute noch genauso zutreffen wie damals. Stolz, Aberglaube und mangelnde Vergebung lauern immer dort, wo Menschen es mit dem Beten ernst nehmen wollen.

Stolz

Die religiösen Führer von damals liebten es, wenn andere sie beten sahen, weil das zeigte (so dachten sie zumindest), wie geistlich sie waren. Jesus erklärte ihnen, dass sie damit ihren ganzen Lohn schon bekommen hatten, und ließ so ihre heuchlerische Seifenblase zerplatzen. Wenn wir nur beten, um Anerkennung zu bekommen, dann werden wir auch nicht mehr als das bekommen.

Ein Pastor betete bei der Einweihung eines Gebäudes: „Oh Herr, möge diese Versammlung von dem Motto unserer Kirche entflammt werden: *Nec tamen consumebatur*, was, wie du weißt, Latein ist und so viel heißt wie ‚und wurde doch nicht verzehrt' …"[4]

Im Gegensatz dazu ermahnt Jesus diejenigen, die ernsthaft beten wollen, Gott an einem stillen Ort im Verborgenen zu suchen. Was im Deutschen mit „Kammer" oder „Zimmer" übersetzt wird, heißt im Griechischen *tamion* und bedeutet so viel wie Speisekammer oder Schrank, was darauf hinweist, dass man sich von allen zurückziehen soll. Gebet ist keine öffentliche Darbietung, sondern ganz persönliche Hingabe.

> Jesus ließ ihre heuchlerische Seifenblase zerplatzen.

Das bedeutet allerdings nicht, dass es keine Gebetstreffen oder sogar große Gebetsveranstaltungen geben darf. Jesus geht es darum, an wen sich unser Gebet wendet.

Aberglaube

Jesus warnt davor, das Gebet als eine Art magische Beschwörungsformel zu sehen. Wenn er davon spricht, Gebete „herunterzuleiern wie die Heiden" (Matthäus 6,7), erinnert das an Menschen, die ein Gebet auswendig gelernt haben und es jetzt immer und immer wieder aufsagen, ohne es ernst zu meinen oder Gott zu vertrauen. Im Griechischen steht hier *battologeo*, was so viel heißt wie „sinnlos wiederholen". Hier wird das Bild eines mechanisch wiederholten Gebetes vermittelt, das weder Bedeutung noch Inhalt hat.

Es sind leere Worte aus einem leeren Herzen, die in der vagen Hoffnung gesprochen werden, dass irgendwie schon alles gut werden wird. Das ist vergleichbar mit einem Fußballspieler, der auf das Spielfeld läuft und sich dabei bekreuzigt, oder mit einem Lottospieler, der immer wieder dasselbe Gebet spricht, um sechs Richtige zu bekommen.

Jesus verurteilt es nicht, wenn wir beharrlich beten und immer wieder mit dem gleichen Anliegen zu Gott kommen. Aber er kritisiert leeren Aberglauben, hinter dem kein echter Glaube steht.

Mangel an Vergebung

Nach dem, was Jesus darüber sagt, ist das kein kleiner Stolperstein, sondern eher eine ausgewachsene Blockade. „Wenn ihr aber den andern nicht vergebt, dann wird euer Vater euch eure Verfehlungen auch nicht vergeben" (Matthäus 6,15), ist eine der eindeutigsten Aussagen über das Gebet. Und falls uns doch noch irgendwelche Zweifel kommen sollten, gibt es da noch ein sehr bekanntes Gleichnis zu diesem Thema (Matthäus 18,25–35).

Einem Diener wird von seinem Herrn eine erdrückende Schuldenlast erlassen. Daraufhin geht er zu einem Freund, dem er einen kleinen Geldbetrag geliehen hat, und droht, ihn ins Gefängnis zu bringen, wenn er ihm diesen Betrag nicht zurückbezahlt.

Die Geschichte zeigt eine erschreckende doppelte Moral: Ein Mann nimmt dankbar die Vergebung eines anderen an, ist aber nicht bereit, das Gleiche zu tun. Unsere Gebete werden von der Zimmerdecke abprallen, wenn sie von Groll und mangelnder Vergebungsbereitschaft begleitet sind.

Das bekannte Mustergebet, das Jesus seine Jünger in der Bergpredigt gelehrt hat, das Vaterunser, wurde in Hunderte von Sprachen übersetzt und wird seit zweitausend Jahren gebetet. Es verbindet Christen auf der ganzen Welt miteinander.

Es ist ein eigenständiges Gebet, und viele, ich selbst eingeschlossen, beten es in ihrer täglichen Gebetszeit. Ich gebe zu, dass es Tage gibt, an denen mir das Beten schwerfällt und ich in Gedanken abgelenkt bin. Aber wenn ich das Vaterunser bete, kann ich meine abschweifenden Gedanken wieder sammeln und mich konzentrieren.

Dieses Gebet liefert uns auch ein Muster, das wir auf alle Gebete anwenden können. Es lässt sich in sieben kurze Sätze gliedern, wovon drei sich direkt auf Gott beziehen und vier von unseren eigenen Bedürfnissen handeln.

Die ersten drei Sätze erinnern uns daran, dass wir

- eine Beziehung zu unserem Vater im Himmel haben,
- uns ihm mit Ehrerbietung und Respekt nähern sollen,
- uns in erster Linie auf sein Reich konzentrieren sollen.

Die nächsten vier Aussagen handeln von

- unseren täglichen körperlichen Bedürfnissen,
- der Notwendigkeit, Vergebung zu empfangen und zu schenken,
- der Notwendigkeit, ein reines Leben zu führen,
- der Kraft, die wir brauchen, um dem Bösen zu widerstehen.

Das ist eine hilfreiche Liste, an der wir unsere eigenen Gebete orientieren können, damit wir sie nicht „herunterleiern wie die Heiden".

Drei Männer saßen in einem sinkenden Boot. Es war eine ernste Lage, und ihnen blieb nur noch das Gebet. Der erste sagte, er wolle nicht beten, weil er sich nicht sicher sei, was er glauben solle. Der zweite sagte, er könne nicht beten, weil er kein Gebet für ein sinkendes Boot kenne. Der dritte betete: „Herr, wir sitzen in der Klemme. Bitte hol uns hier raus, dann werden wir dich nie wieder um etwas bitten."

> Wenn ich das Vaterunser bete, kann ich meine abschweifenden Gedanken sammeln und mich konzentrieren.

Wie betet man richtig? Ganz einfach: von Herzen. David, der Psalm-Schreiber, hat genau das getan:

„Herr, ich bin arm und hilflos; höre mich
und gib mir Antwort!
Bewahre mein Leben, ich gehöre doch zu dir!
Hilf mir, ich bin doch dein Diener;
du mein Gott, ich verlasse mich auf dich!
Den ganzen Tag schreie ich zu dir;
hab Erbarmen mit mir, Herr!
Auf dich richte ich mein Herz und meinen Sinn;
erfülle mich doch wieder mit Freude!
Herr, du bist freundlich und bereit,
Schuld zu vergeben;
voll Güte begegnest du allen, die zu dir beten.
Darum höre jetzt meine Bitte;
Herr, achte auf meinen Hilferuf!
In meiner Not schreie ich zu dir;
du wirst mir Antwort geben."
(Psalm 86,1–7)

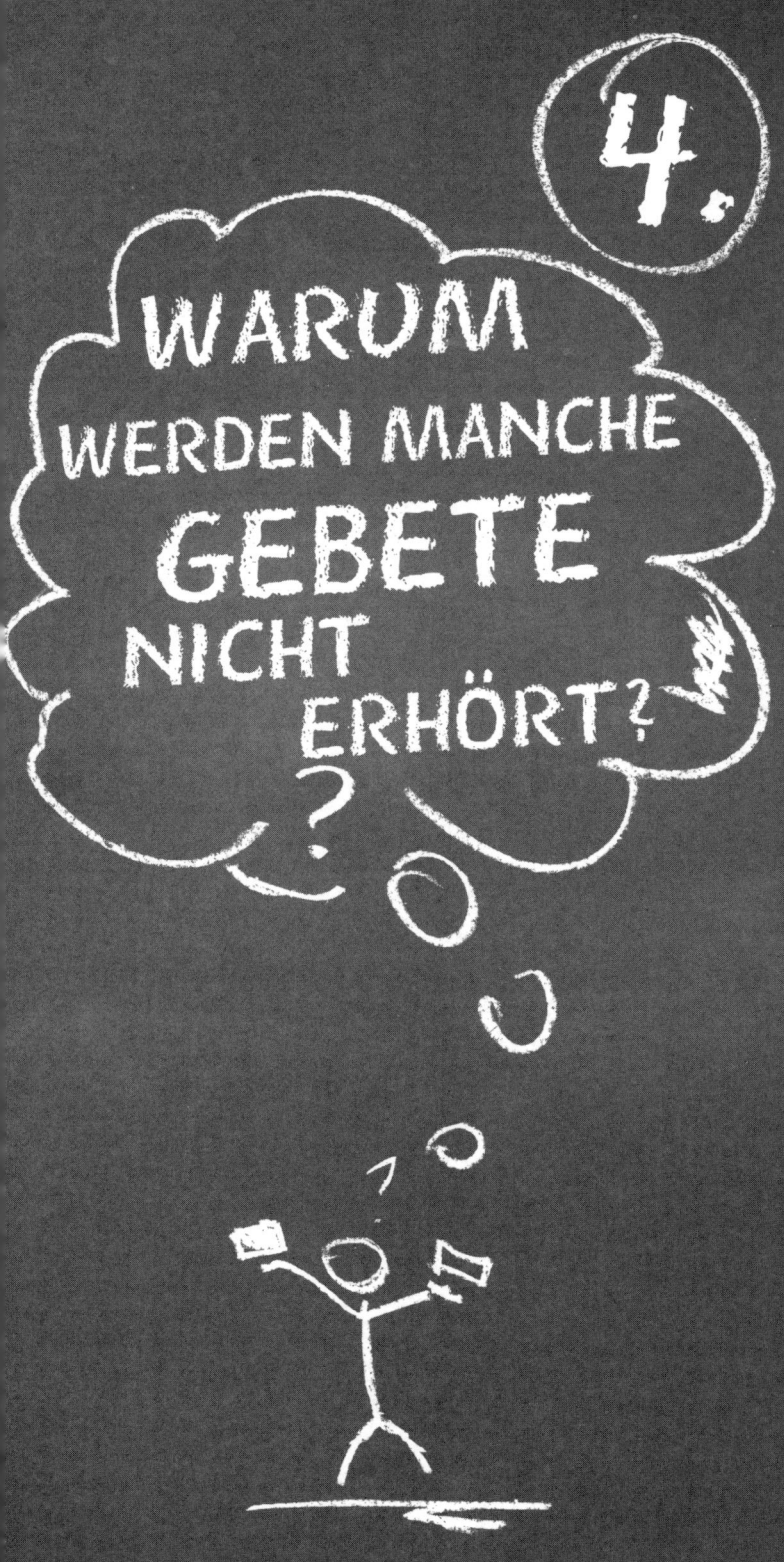

Warum werden manche Gebete nicht erhört?

Die Frau war verzweifelt. Sie hatte ihren Sohn nach christlichen Maßstäben im Glauben erzogen. Sie hatte treu für ihn gebetet, aber er zeigte keinerlei Interesse an der Botschaft des Evangeliums. Genau wie sein Vater war er damit zufrieden, sein Leben ohne Gott zu leben. Er genoss, was andere ein „gutes Leben" nannten, bekam von einem Mädchen, mit dem er zusammenlebte, einen Sohn und wollte jetzt ins Ausland gehen. Seine Mutter war sich sicher, dass er den einzigen christlichen Einfluss, den es in seinem Leben noch gab, verlieren würde, wenn er wegzog: nämlich sie.

Sie beschloss, in eine kleine Kirche zu gehen und die Nacht hindurch zu beten. Unter Tränen verbrachte sie die ganze Nacht im Gebet und berief sich auf Gottes Verheißungen. Sie war fest davon überzeugt, dass Gott ihren Sohn davon abhalten könnte, ins Ausland zu gehen. Wie enttäuscht war sie, als sie am nächsten Morgen feststellte, dass er weg war! Er war gegangen, während sie gebetet hatte.

Diese Frau sah sich einem Dilemma gegenüber, das viele von uns kennen: unbeantwortete Gebete.

Für betrunken gehalten

Es ist nie schön, missverstanden zu werden, und noch schlimmer ist es, fälschlicherweise beschuldigt zu werden. Die Bibel erzählt die Geschichte einer Frau, die sehr verzweifelt war und für betrunken gehalten wurde, obwohl sie nur Gott ihr Herz ausgeschüttet hatte.

Die Geschichte von Hanna fängt sehr traurig an und endet mit großer Freude (1. Samuel 1 und 2). Sie war eine der beiden Frauen eines Mannes namens Elkana, der im Hügelland von Ephraim lebte. Ihre familiäre Situation war sehr angespannt. Hanna konnte keine Kinder bekommen, aber Elkanas zweite Frau, Peninna, hatte schon mehrere Kinder und ließ keine Gelegenheit aus, damit anzugeben. Das sorgte jahrelang für Spannungen zwischen den beiden Frauen. Die Situation spitzte sich besonders bei den religiösen Festen zu, an denen sie als Familie teilnahmen.

Sie reisten jedes Jahr zum Heiligtum in Schilo, beteten dort Gott an und feierten anschließend ein Festmahl, bei dem das Opferfleisch gemeinsam gegessen wurde. Peninna saß zwischen ihren Söhnen und Töchtern und Hanna saß alleine da. Obwohl Elkana mit Hanna mitfühlte und sie zu trösten versuchte, graute ihr vor diesen Familienfeierlichkeiten, weil Peninna sie ständig provozierte, bis Hanna schließlich so aufgebracht war, dass sie nichts mehr essen konnte. Nach 2. Mose 23,14–17 hätte diese Reise nach Schilo bis zu dreimal im Jahr zu verschiedenen Festen stattfinden können, aber Elkanas Familie schien nur einmal im Jahr hinzureisen (1. Samuel 2,19). Dazu musste die ganze Familie eine knapp fünfzig Kilometer lange Reise unternehmen, die sich über mehrere Tage hinzog. Diese großen Familienanlässe waren für Hanna sehr unglückliche Zeiten. Für sie gab es nichts zu feiern – sie verstärkten nur ihre Enttäuschung.

Eines Nachts eskalierte das Ganze. Die Familie wollte schlafen gehen, aber Hanna hatte etwas an-

deres vor. Sie ging zurück zum Heiligtum, wo nur
noch ein alter Priester seinen Dienst tat. Hanna
sank auf die Knie und betete weinend zu Gott. Sie
hatte im Laufe der Jahre schon sehr, sehr oft deswe-
gen gebetet, und auch jetzt fand sie nicht die richtigen Worte – sie war von ihren Sorgen, ihrem
Schmerz, ihrer Wut und ihren Schuldgefühlen zu
sehr verwirrt. Aber sie gab Gott ein sehr ernst ge-
meintes Versprechen. Wenn Gott ihre Gebete erhörte, und ihr den Sohn schenkte, nach dem sie sich so
sehr sehnte, dann würde sie ihn Gott zurückgeben,
damit er Jahwe sein ganzes Leben lang diente.

Der alte Priester, Eli, beobachtete die Frau genau,
die noch lange, nachdem das Heiligtum geschlossen war, betete. Ihr Benehmen ließ die Vermutung
zu, dass sie nicht den Heiligen Geist, sondern einen
ganz anderen Geist suchte! Er tadelte Hanna, weil
sie betrunken an diesen Ort des
Gebets gekommen war, und wollte sie schon rauswerfen. Aber als
sie ihm erklärte, wie verzweifelt
sie war und dass sie Gott ihr Herz
ausgeschüttet hatte, fühlte Eli sich
selbst zurechtgewiesen. Sie wollte

> Sie hatte Gott
> ihr Herz
> ausgeschüttet.

diesen Ort des Gebets nicht missbrauchen, sondern
hatte von ganzem Herzen Gott gesucht.

Und Hanna ging nicht mit einem Tadel, sondern
mit einem Segen weg, denn Eli sagte zu ihr: „Geh in
Frieden." Auf wunderbare Weise umgab sie dieser
Friede und trug sie durch viele Tage hindurch bis
sie – als es nach Gottes Plan so weit war – die lebendige Antwort auf ihre Gebete im Arm hielt. An dieser Geschichte wird eines deutlich: Es gab einen
Wendepunkt in Hannas Leben, obwohl sie noch keine Antwort auf ihre Gebete erhalten hatte: „Sie aß

wieder und war nicht mehr traurig" (1. Samuel 1,18).

Kein Wunder, dass sie ihren Sohn Samuel nannte, was so ähnlich klingt wie das hebräische Wort für „Gott hat gehört".

Von einer einsamen Frau lernen

Hannas ergreifende Geschichte steht nicht umsonst in der Bibel. Gott hätte auch einfach sagen können: „Und siehe, Samuel wurde geboren und wurde ein großer Mann in Israel." Aber stattdessen lesen wir Hannas Geschichte, die uns Hoffnung gibt. Folgender Satz aus dem Neuen Testament zeigt, wie wertvoll das Alte Testament ist: „Und alles, was einst geschrieben worden ist, ist zu unserer Belehrung geschrieben, damit wir durch Geduld und durch den Trost der Schrift Hoffnung haben" (Römer 15,4, Einheitsübersetzung). Folgende kostbare Wahrheiten können wir aus Hannas Schmerz lernen:

- **Verzweifelte Gebete sind nichts Ungewöhnliches.**
  Der Himmel hat eine Notrufnummer, und wir sollten nicht davor zurückschrecken, sie zu benutzen.
- **Das Gebet ist oft unsere letzte Zuflucht – dabei sollte es unsere erste sein.**
  Hanna wusste keinen anderen Ausweg mehr. Je früher uns die Möglichkeiten ausgehen, desto früher fangen wir an, ernsthaft zu beten.
- **Geteiltes Leid ist halbes Leid.**
  Eli war das Ohr, das Hanna brauchte, um sich

auszuweinen, aber um es zu finden, musste sie sich verletzlich zeigen.

- **Wir können ruhig werden, auch wenn wir noch keine Antwort auf unsere Probleme haben.**
  In dieser Geschichte wird berichtet, dass Hanna Frieden fand, obwohl ihr eigentliches Problem noch nicht gelöst war.

- **Gott kann das Unmögliche tun.**
  Hannas Geschichte hat ein Happy End, aber nicht alle unsere Geschichten enden damit, dass wir bekommen, worum wir bitten. Trotzdem erinnern uns die Umstände von Samuels Geburt daran, dass Gott das Unmögliche tun kann, wenn es sein Wille ist. Auch wenn es schwer zu akzeptieren ist, so erkennen wir daran doch, dass es an Gottes Willen und nicht an seiner Unfähigkeit liegt, wenn wir etwas, um das wir bitten, nicht bekommen.

Die Stille richtig verstehen

Warum bleiben manche unserer Gebete scheinbar unbeantwortet? Noch vor wenigen Stunden habe ich mit einem jungen Ehepaar gesprochen, das mir diese Frage gestellt hat, und zwar nicht aus purer intellektueller Neugier, sonder aus persönlicher Betroffenheit. Während ich dieses Kapitel schreibe, schwebt ihr kleiner Sohn zwischen Leben und Tod und sie haben wenig Hoffnung, dass er überleben wird. Und wenn er stirbt, werden sie das zweite Kind innerhalb von zwei Jahren begraben. Sie sind voller Schuldgefühle, Trauer und tiefer Enttäuschung, und in ihnen nagt das Gefühl, dass Gott sie nicht besonders liebt.

Sie sind nicht die Ersten und werden auch nicht die Letzten sein, die diesen traurigen Weg gehen müssen. Wir haben zusammen gebetet und geweint, und ich konnte sie nur ermutigen: „Schlagt das Buch nicht zu, bevor die Geschichte zu Ende ist."

In vielen Psalmen kommt Trauer über Enttäuschungen und vergebliches Warten zum Ausdruck. Glücklicherweise gibt es auch Psalmen voller Freude über erhörte Gebete.

Wenn wir erleben, wie unsere Gebete nicht beantwortet werden, oder zumindest nicht so, wie wir uns das vorgestellt haben, bringt uns das zurück zu dem, was die Bibel sagt. Beim Gebet geht es darum, unser Leben mit Gottes Absichten in Einklang zu bringen und mit unseren Nöten und Bitten zu einem Vater zu kommen, der weiß, was das Beste ist. So hatte zum Beispiel der Apostel Paulus ein persönliches Problem und bekam auf seine Gebete eine Antwort, die er sich nicht gewünscht hatte. Aber er wurde nicht verbittert und fühlte sich auch nicht zurückgestoßen von Gott, sondern fand Frieden. In 2. Korinther 12,7–10 lesen Sie, wie etwas, das für Paulus eine Schwäche war, zu seiner Stärke wurde.

Das Gebet ist kein Automat, in den man oben Münzen einwirft, einen Knopf drückt und aus dem dann die gewünschte Antwort herauskommt. Vielmehr ist es ein Ort, an dem wir wie Hanna oder Paulus unsere Nöte zu einem liebenden Vater bringen können. In Zeiten, in denen Gott zu schweigen scheint, müssen wir uns auf die Wahrheiten der Bibel verlassen, die die Lücken schließen und uns Hoffnung geben können. Lesen Sie einmal die folgenden wunderbaren Verse in der Bibel: Römer

8,28, Psalm 27 und 34, Jesaja 43,1-4 und Philipper 4,11–13.

Wenn wir das Gebet als Mittel sehen, um zu bekommen, was wir wollen, dann haben wir den Sinn des Gebets falsch verstanden. Beim Gebet geht es darum, unseren Willen mit Gottes Willen in Einklang zu bringen, und es geht mehr darum, zu entdecken, was er will, als zu bekommen, was wir wollen. Manchmal ist das, worum ich bitte, schlichtweg falsch oder egoistisch (zum Beispiel: „Gott, mach, dass ich im Lotto gewinne"). Oder Gott lässt sich mit der Antwort Zeit, weil er noch einen anderen Plan verfolgt.

> „Schlagt das Buch nicht zu, bevor die Geschichte zu Ende ist."

Der zweite Teil der Frage

Die Frage, die über diesem Kapitel steht, ist unvollständig. Statt nur zu fragen: „Warum werden manche Gebete nicht erhört?", sollten wir hinzufügen: „... wie wir uns das vorstellen". Ich glaube, dass Gott unsere Gebete hört und darauf antwortet. Ich glaube nicht, dass der Himmel so verschlossen ist, wie wir oft denken. Denken Sie an Paulus und seinen inneren Kampf, von dem ich kurz geschrieben habe. Er bat Gott, das Problem zu beseitigen (den „Stachel im Fleisch"). Sein Glaube war stark, er war ein christlicher Leiter mit entsprechender Erfolgsgeschichte und hatte schon oft für andere gebetet und erlebt, wie Gott Wunder tat. In diesem Fall hat Gott ihm zwar die Antwort nicht verweigert, aber er bekam eine unerwartete Antwort. Er bat darum, von etwas befreit zu werden, und bekam stattdessen Gnade.

Gott hört, wenn seine Kinder beten – und er fordert sie auf, ihm besonders dann zu vertrauen, wenn die Antwort auf ihre Gebete nicht so ausfällt, wie sie es sich erhofft haben. Er hat einen besseren Plan, und das Gute ist, dass all das Rätselhafte eines Tages klar sein wird. Der trübe Spiegel, in den wir jetzt schauen (1. Korinther 13,12), wird nicht immer trüb bleiben.

Bis dahin sollen wir im Glauben leben und Gott vertrauen, auch wenn wir ihn nicht verstehen können. Glaube und Ratlosigkeit gehen oft Hand in Hand. Dem Propheten Habakuk, der rund 600 Jahre vor Christus gelebt hat, ist in der Bibel ein ganzes Buch gewidmet, das sein persönliches Ringen darum zeigt, Gottes großen Plan zu verstehen. Er stellt einige knallharte und sehr ehrliche Fragen, erhält ein paar Antworten und kommt am Ende zu dem Schluss: „Auch wenn ich nicht verstehe, was Gott tut, will ich ihm doch vertrauen."

Denken Sie einmal über diese Verse nach:

> *„Noch gibt es keine Feigen oder Trauben,*
> *noch sind keine Oliven zu ernten;*
> *noch wächst kein Korn auf unseren Feldern*
> *und die Schafhürden und Viehställe stehen leer –*
> *und doch kann ich jubeln, weil der Herr mir hilft;*
> *was er zugesagt hat, erfüllt mich mit Freude.*
> *Der Herr, der mächtige Gott, gibt mir Kraft!*
> *Er macht mich leichtfüßig wie die Gazelle*
> *und lässt mich sicher über die Berge schreiten."*
> (Habakuk 3,17–19)

Die Geschichte der Mutter am Anfang dieses Kapitels zeigt auf, in welchem Dilemma wir stecken, wenn unsere Gebete scheinbar unbeantwortet bleiben. Die Frau hieß Monika und ihr abtrünniger Sohn war Augustinus. Sie betete so inbrünstig, weil sie glaubte, sie könne ihn dazu bewegen, Christ zu werden, wenn er bei ihr in Karthago blieb. Die durchbetete Nacht in der kleinen Kapelle war ihr aufrichtiger Versuch, durch das Gebet zu verhindern, dass er nach Rom zog. Er war ohnehin schon auf keinem guten Weg und sie fürchtete, dass die Verlockungen in Rom ihn noch weiter von Gott wegziehen würden.

Wir können Monikas Trauer am nächsten Morgen nur erahnen, als sie aus der Kapelle kam und feststellen musste, dass Augustinus bereits unterwegs nach Rom war.

Aber es gehörte zu Gottes großem Plan, dass er in Rom den bekannten christlichen Lehrer Ambrosius hören sollte und davon tief bewegt war. Als er in Rom in einem Garten saß, hörte er eine Kinderstimme rufen, „Nimm und lies!". Er nahm ein Neues Testament, das dort lag, und als er darin las, schrie er zu Gott um Gnade.

> Ich glaube nicht, dass der Himmel so verschlossen ist, wie wir oft denken.

Augustinus (354–430 n. Chr.) wird auch Augustinus von Hippo genannt – nach einer Stadt in Nordafrika, wo er Bischof war. Er wurde ein einflussreicher Denker, Autor, Pastor und Kirchenlehrer und wird heute als einer der Großen der Kirchengeschichte angesehen. In einem seiner Werke, den „Bekenntnissen" (Confessiones), berichtet er von seinem eigenen geistlichen Werdegang. Es gehört

zu den Klassikern der Weltliteratur und ist ein gro-
ßes philosophisches Werk.

Monikas Gebete wurden erhört – fünf Jahre
nachdem Augustinus nach Rom gesegelt war und
genau in der Stadt, von der sie geglaubt hatte, sie
werde ihn von Gott wegziehen.

Wie so viele von uns entdeckte sie, dass Gottes
Wege höher und seine Ziele besser sind als unsere.

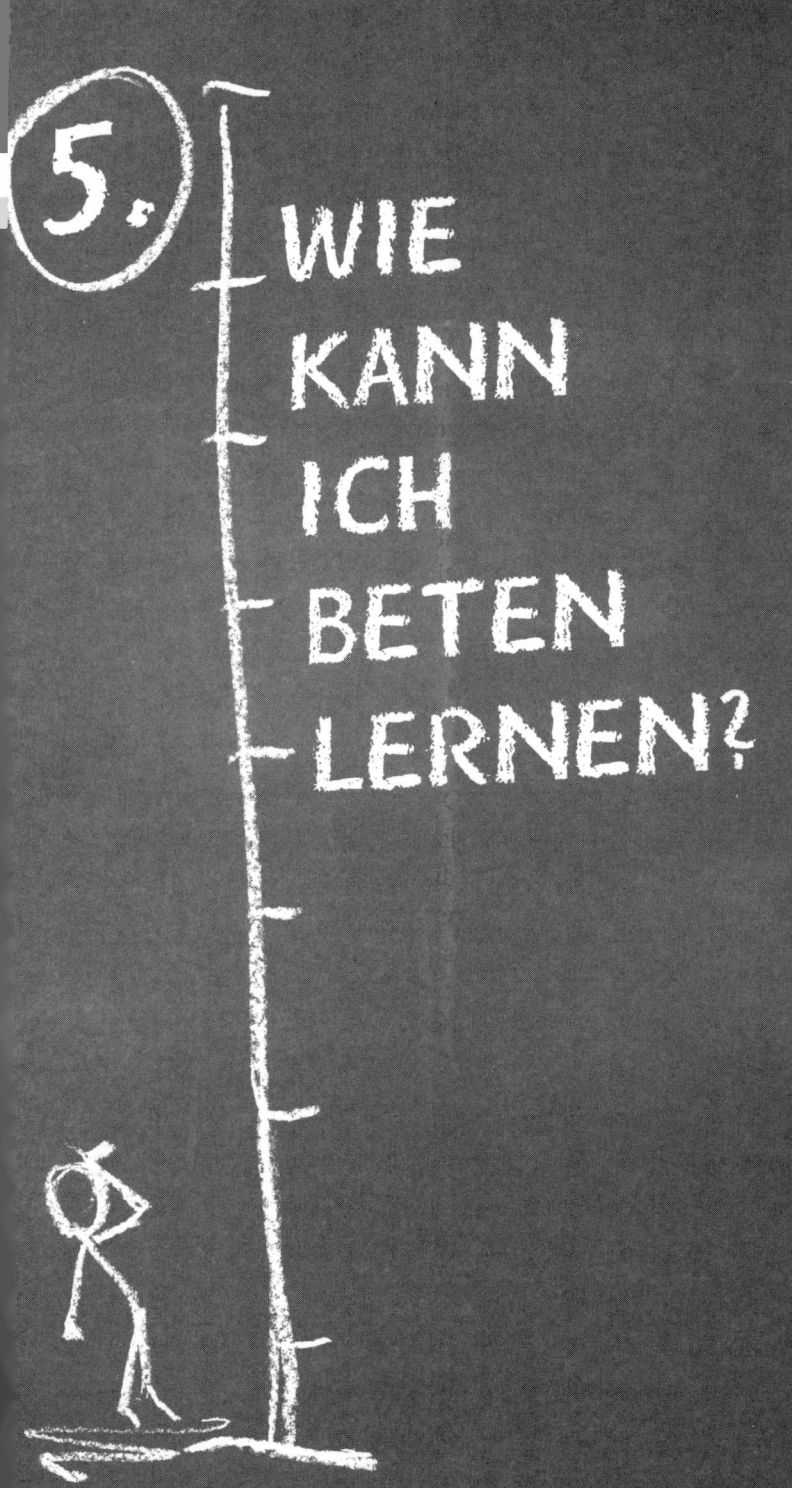

Wie kann ich beten lernen?

Man muss nicht lange Christ sein um festzustellen, dass es verschiedene Arten zu beten gibt. Es gibt eine Vielzahl von unterschiedlichen Stilen, Formulierungen und Ausdrucksformen. In manchen Ländern entsteht bei den Worten „Wir wollen beten" ein ungeheurer Geräuschpegel, weil die ganze Gemeinde gleichzeitig laut betet – und auch noch sehr lange. Andere Christen kennen nur vorformulierte Gebete, die aus einem Buch vorgelesen werden. Wieder andere sind der Überzeugung, dass es besser ist, aus dem Stegreif zu beten, aber von Herzen, und sie sprechen mit Gott so offen und ehrlich wie mit einem Freund. Manche haben ihre ganz eigene Gebetssprache – entweder hat Gott sie ihnen gegeben, oder sie haben sie von Menschen übernommen, die sie bewundern.

Das Wichtigste, das wir aus dieser Vielfalt lernen können, ist vermutlich, dass es nicht *eine* richtige Art zu beten gibt. Wenn das Gebet einfach ausgedrückt eine Unterhaltung mit Gott ist, dann ist Gott sowohl mehrsprachig als auch multikulturell. Das Wichtigste daran ist unsere Einstellung, wie es der Autor und Dichter Gerard Kelly ausdrückt:

„Manche beten wie ein BMW,
7 Lagen glitzerndes Chrom verdecken
den stahlharten Kern,
garantiert gefühlsfrei zum Schutz
vor jeglichem Vertrauen.
Manche beten wie ein Porsche,
von Null auf Sieg in 6,7 Sekunden,
unter Berufung auf das Wohlstandsbeten.

Jesus hat uns geraten, in der Garage,
hinter geschlossenem Garagentor, zu beten,
Motor und Radio auszumachen,
zu beten, wenn niemand zusieht,
den Alltagsverkehr zu vergessen,
Gott auf der Standspur zu begegnen,
weit weg von allen Schau-Gebeten."[1]

Wie macht man das?

Jesu Art zu beten hat die Menschen beeindruckt. Seine engsten Nachfolger erkannten den Zusammenhang zwischen der Zeit, die er im Gebet verbracht hat (manchmal nach einem langen Tag noch bis tief in die Nacht oder früh am Morgen, bevor sie selbst munter wurden) und den außergewöhnlichen Dingen, die er tat. Jesus lehrte seine Jünger, dass das Gebet eine Kraftquelle ist. Lesen Sie einmal Markus 9,28–29, wo die Jünger verwundert und verwirrt waren, weil sie einen bösen Geist nicht austreiben konnten. Jesus konnte es, und seine Jünger fragten ihn dann unter vier Augen, warum das so war. Er antwortete ihnen: „Nur durch Gebet können solche Geister ausgetrieben werden."

Da ist es wenig verwunderlich, dass einer aus seinem engsten Freundeskreis Jesus bat: „Herr, sag uns doch, wie wir beten sollen!" Es ist sehr aufschlussreich zu sehen, was Jesus auf diesen Herzenswunsch antwortet (Lukas 11,1–13).

Jesus erinnert sie zunächst an etwas, erzählt ihnen dann eine Geschichte und schließt mit einem

Es gibt verschiedene Arten zu beten.

Versprechen. All das zusammengenommen zeigt uns, wie wir lernen können zu beten.

Die Erinnerung

Der erste Teil von Jesu Antwort ist beinahe eine Wiederholung des bekannten Vaterunsers, das er in der Bergpredigt gelehrt hat. (Siehe Kapitel 3: Wie betet man richtig?) Ich sage „beinahe", denn wenn wir die Version bei Matthäus mit der bei Lukas vergleichen, stellen wir fest, dass es nicht genau die gleiche ist. Es ist ein bisschen wie bei den „Finden Sie die 10 Unterschiede"-Rätseln, in denen man zwei Bilder miteinander vergleichen muss. Genau das haben Theologen getan und sind zu unterschiedlichen Schlüssen gekommen, weshalb bei Lukas Teile des Gebetes fehlen.

> Wenn wir lernen wollen, wie man betet, müssen wir zu den Grundregeln zurückkehren.

Eine mögliche Erklärung ist, dass Jesus seinen Freund einfach an ein Gebet erinnerte, das er schon vor einiger Zeit gelehrt hatte. Vielleicht war das alles, was dieser namentlich nicht erwähnte Jünger brauchte.

Wie kleine Kinder sind wir fasziniert von allem Neuen. Aber wir müssen die Grundlagen beherrschen, und als Antwort auf die Bitte seines Freundes erinnert Jesus ihn – und alle seine Jünger – an das, was er bereits wusste. Wenn wir wirklich lernen wollen, wie man betet, müssen wir zu den Grundregeln zurückkehren.

Die Geschichte

Bei Lukas folgt nach der Erinnerung eine Geschichte zur Veranschaulichung. Dieses Gleichnis ist bekannt als das *Gleichnis vom bittenden Freund um Mitternacht* und ist für diejenigen am besten zu verstehen, die sich mit Gastfreundschaft in anderen Kulturen auskennen. Zur Zeit Jesu war es üblich, Reisenden Nahrung, Wasser und ein Dach über dem Kopf anzubieten – auch wenn es keine direkten Angehörigen waren. Das muss man wissen, um das Gleichnis zu verstehen.

Die Geschichte hat etwas Lustiges. Ein Mann bekommt unerwarteten nächtlichen Besuch von einem Freund, der auf Reisen ist. Aber seine Speisekammer ist leer, und er kann seinem Freund nichts zu essen anbieten. Also klopft er mitten in der Nacht bei einem befreundeten Nachbarn und bittet ihn um einen Gefallen: Ob er ihm wohl ein Brot leihen könnte?

Stellen Sie sich die Szene, die Jesus hier beschreibt, einmal vor. Die ganze Familie lebt in einem einzigen Zimmer und liegt schon im Bett. Es wäre nur natürlich zu rufen: „Verschwinde und hör auf, so einen Lärm zu machen! Wir wollen schlafen." Aber in Jesu Geschichte stolpert der Mann verschlafen im Dunkeln herum, zündet eine Lampe an und holt das Brot, um das ihn sein Freund bittet.

Warum? Das ist die Frage, die diese Geschichte aufwirft. Warum um alles in der Welt sollte Freundschaft so weit gehen, dass dieser Mann es zulässt, dass sein bittender Freund ihm zur Last fällt? Jesus fasst den Kern der Geschichte so zusammen:

„Ich sage euch, wenn er auch nicht gerade aus Freundschaft aufsteht und es ihm gibt, so wird er es doch wegen der Unverschämtheit jenes Menschen tun und ihm alles geben, was er braucht." (Lukas 11,8)

Man beachte das Wort „Unverschämtheit", denn das ist das Schlüsselwort in diesem Gleichnis. Es beschreibt eine schamlose, freche Haltung. Das griechische Wort an dieser Stelle lautet *anaideia* und bedeutet so viel wie „rücksichtslos". Das Wort beschreibt eine Person, die keinerlei Zurückhaltung oder Rücksicht zeigt. Tim Chester schlägt eine andere Richtung ein, indem er sagt, dass dieses Wort sich nicht auf den bittenden Freund bezieht, sondern auf den, der schon schlafend im Bett lag.

„Er öffnet ihm, weil er nicht in einem schlechten Licht erscheinen möchte, indem er die Bitte seines Freundes ablehnt und damit dem ganzen Dorf einen schlechten Ruf bezüglich Gastfreundschaft einbringt. Er steht im Mittelpunkt des Gleichnisses, und er ist derjenige, dessen Verhalten Einblick in Gottes Charakter geben soll ... [Jesus] sagt damit nicht, dass Gott wie ein widerwilliger Nachbar ist, den man nerven muss, damit er irgendetwas für uns tut. Vielmehr will er damit sagen, wenn schon ein widerwilliger Mensch dir gibt, worum du bittest, weil er um seinen guten Ruf besorgt ist, wie viel mehr wird es dann dein liebender himmlischer Vater tun? Wenn ein Mensch auf dein Rufen antwortet, obwohl er schon mit seiner Familie schläft, wie viel mehr wird derjenige antworten, der niemals schläft? Gott hat ein offenes Ohr. Unser Vater hört bereitwillig unsere Gebete."[2]

Die Bedeutung von Jesu Worten ist erschütternd. Sollen wir uns so Gott im Gebet nähern – rüde und unwirsch? Jesus macht hier als Meister der Kommunikation eine erschreckende Aussage. Er setzt sich mit zwei der größten Hindernisse beim Gebet auseinander und fordert uns auf, sie aus dem Weg zu räumen. Diese beiden Hindernisse halten uns davon ab, wirklich beten zu lernen:

- Wir haben das Gefühl, dass Gott viel zu groß und beschäftigt ist, um sich mit unseren banalen Bitten zu befassen.
- Wir denken: „Wenn ohnehin schon alles von Gott geplant ist, wozu sollen wir dann beten?"

Wenn uns diese Gedanken quälen, dann erinnert Gott uns an den Freund, der sich traute, mitten in der Nacht bei seinem Freund zu klopfen. Die Kernaussage der Geschichte ist: Gott lädt uns ein zu beten.

Gott lädt uns ein zu beten.

Das Versprechen

Diese erstaunliche Geschichte über das Gebet schließt mit einer Reihe von Versprechen, die wir – wenn sie nicht aus dem Mund von Jesus kämen – als gotteslästerlich empfinden würden. Gott, unser Vater, lädt uns ein, mit unseren Nöten zu ihm zu kommen und verspricht uns, unsere Gebete nach seinem Willen zu beantworten. Wir können ihm vertrauen, weil er uns liebt. Schauen wir uns einmal an, wie die moderne englische Übertragung „The Message" das folgende Versprechen formuliert:

„Bittet und ihr werdet bekommen!
Sucht und ihr werdet finden!
Klopft an und es wird euch geöffnet!"
(Lukas 11,9)

„Verhandelt nicht mit Gott. Seid direkt. Bittet um das, was ihr braucht. Das ist kein Katz-und-Maus- oder Versteck-Spiel. Wenn dein kleiner Sohn dich um eine Portion Fisch bittet, erschreckst du ihn dann und legst ihm eine lebendige Schlange auf den Teller? Wenn deine kleine Tochter dich um ein Ei bittet, legst du sie dann herein und gibst ihr eine Spinne? So böse du auch bist, aber so etwas würde dir niemals einfallen – wenigstens deinen Kindern gegenüber bist du doch anständig. Meinst du, der Vater, der dich in Liebe erschaffen hat, wird dir da nicht den Heiligen Geist geben, wenn du ihn darum bittest?" (Lukas 11,9–13).[3]

> Wir können ihm vertrauen, weil er uns liebt.

Beten lernen

Jesu Worte ermutigen uns, beten zu lernen. Doch wie sollen wir jetzt weiter vorgehen?

Während ich dieses Buch schreibe, bereiten meine Frau und ich uns auf einen Umzug ins Ausland vor. Wir werden in einer Gemeinde in Genf arbeiten, die auf der französischen Seite nur wenige hundert Meter von der Grenze entfernt liegt. Weil es eine internationale Gemeinde ist, wird dort Englisch gesprochen. Aber wir werden in einem französischen Stadtteil leben und müssen die Sprache lernen.

Wir können ein kleines bisschen Französisch (so wie die meisten Christen von sich sagen würden, sie können ein bisschen beten), aber wir haben seit unserer Schulzeit kein Französisch mehr gelernt. Im Urlaub sind wir mit unserem Touristen-Französisch durchgekommen und haben so eine Art „Gruppen-Französisch" entwickelt – zu zweit kennen wir genügend Vokabeln, um ein einfaches Gespräch führen zu können.

Wir sehen uns also jetzt der Notwendigkeit gegenüber, dass wir Französisch üben und an unseren sprachlichen Fähigkeiten arbeiten müssen. Ich habe gemerkt, dass es drei Dinge gibt, die dabei helfen:

1. Motivation

Abnehmen, eine neue Sprache lernen oder Fortschritte im Gebet machen – alles fängt damit an, dass wir uns eine Veränderung wünschen. Ich will ein bestimmtes Ziel erreichen und konzentriere meine Energie darauf, tatsächlich dort hinzukommen. In dem Bibeltext, den wir gerade betrachtet haben, wird das in dem Wunsch des Jüngers zusammengefasst: „Herr, sag uns doch, wie wir beten sollen" (Lukas 11,1).

Diese ehrliche Bitte ist der erste Schritt auf dem Weg zu einem intensiveren Gebetsleben.

2. Hilfe

Der Wunsch, etwas zu ändern, ohne zu wissen wie, endet mit Frust. Die Absicht, besser Französisch zu lernen, hat meine Frau und mich in verschiedene Richtungen geführt.

Die *Selbsthilfe* war äußerst wertvoll, weil wir angefangen haben, Sprachkurse zum Selbststudium durchzuarbeiten.

Fachmännische Hilfe wird uns zur Verfügung stehen, wenn wir in Frankreich Sprachkurse besuchen, wo wir jede Woche in den Unterricht gehen müssen.

Unterstützung bekommen wir von Freunden, die so etwas auch schon einmal gemacht haben und uns ermutigen, uns Ratschläge geben und uns versichern: „Ihr schafft das."

Diese Hilfe kann uns auch beim Beten weiterbringen. Wir können Bücher zum Thema lesen, Predigten anhören und Freunde nach ihren Erfahrungen mit dem Beten fragen. „Was war für dich die größte Hilfe in deinem Gebetsleben?", ist eine sehr gute Frage, die wir Freunden stellen können. Wenn Sie in einen Hauskreis gehen, stellen Sie die Frage einmal dort und achten Sie darauf, wie unterschiedlich die Antworten ausfallen. Probieren Sie diejenigen Vorschläge aus, die für Sie am hilfreichsten sind.

3. Übung

Ich kann mich noch daran erinnern, wie ich in der Schule mit Latein gekämpft habe – es hat für mich einfach keinen Sinn ergeben. Da hat mich der Spruch getröstet: „Schon die alten Römer waren mit ihrem Latein am Ende – warum soll es mir besser gehen?"

Aber Französisch ist zum Glück eine lebendige Sprache, und wie jeder Sprachlehrer weiß, lernt man sie am besten, indem man sie anwendet. Vokabelwissen, Akzent und Verstehen werden besser, wenn man hinausgeht in die große weite Welt und das anwendet, was man schon gelernt hat.

Genauso lernen wir zu beten, indem wir es üben. Dazu ist es vielleicht nötig, dass Sie Ihren Tagesplan über den Haufen werfen, um Zeit einzuplanen zum Beten. Oder Sie suchen sich ein paar Freunde, mit denen Sie sich regelmäßig treffen, um zusammen zu beten. Oder Sie beschließen, zu einem Gebetstreffen zu gehen. Das Wichtigste ist, dass wir unsere guten Absichten in die Tat umsetzen.

Motivation, Hilfe und Übung sind drei sehr wichtige Bestandteile, die uns bei vielen Dingen im Leben helfen, besser zu werden – sei es Bienenzucht oder Französisch. Und das Gleiche gilt auch für unser Gebetsleben. Ich will damit keinesfalls sagen, dass Beten nur ein Hobby ist, ich will dem Gebet nur etwas von dem Mystischen nehmen, das ihm manchmal anhaftet.

> Das Gebet ist eine ganz besondere Gabe für alle Kinder Gottes.

Das Gebet ist eine ganz besondere Gabe für alle Kinder Gottes – nicht nur für ein paar Privilegierte. Aber nicht alle entdecken diese Wahrheit. Billy Graham meinte einmal: „Der Himmel ist voller Antworten auf Gebete, die sich nie jemand die Mühe gemacht hat zu beten."

Wenn Sie also Beten lernen wollen, dann fangen Sie mit der Bitte an: „Herr, sag mir doch, wie ich beten soll!"

6.

WORAN ERKENNT MAN EINE BETENDE GEMEINDE?

Woran erkennt man eine betende Gemeinde?

Als ich kürzlich in einem Antiquitätenladen herumstöberte, fiel mir eine große Sammlung von Fotos und Postkarten in die Hand, die jemand mühevoll nach Themen und Orten sortiert hatte. Es war faszinierend, Jahrzehnte alte Bilder anzuschauen, die Mode von damals zu sehen und zu versuchen zu erraten, unter welchen Umständen ein Foto gemacht wurde.

Es gibt heutzutage viele Bewegungen, die wir Gebetsbewegungen nennen könnten: Gebetsberge in Korea; Gemeinden, die versuchen eine 24-Stunden, 7-Tage-die-Woche Gebetskette auf die Beine zu stellen, und Gebetsmärsche, wie zum Beispiel den weltberühmten Jesus-Marsch.

Wir können viel über das Beten lernen, indem wir uns ein paar alte „Schnappschüsse" aus dem Neuen Testament anschauen, die uns einen Eindruck vermitteln, wie die ersten Christen mit dem wichtigen Thema Gebet umgegangen sind. Zunächst schauen wir uns einmal die dynamische, visionäre Gemeinde in Antiochia an, und dann studieren wir die Ratschläge, die ein junger Pastor bezüglich der Bedeutung des Gebets für die Gemeinde bekommen hat.

Eine visionäre Gemeinde

Antiochia war nach Rom und Alexandria die drittgrößte Stadt im Römischen Reich. Es hatte stolze 500.000 Einwohner aus allen Teilen der damals

bekannten Welt – eine echte Weltstadt. Die Stadt
lag in der Nähe der Mündung des Orontes, etwa
zwanzig Kilometer vom Mittelmeer entfernt, und
war bekannt für Glücksspiel und einen extravagan-
ten Lebensstil. Ein Autor hat das sehr lebhaft ge-
schildert:

> *„[Antiochia] war bekannt für seine Wagenren-*
> *nen und Vergnügungen, die buchstäblich Tag und*
> *Nacht kein Ende nahmen. Mit heutigen Worten*
> *ausgedrückt, wäre es eine Stadt voller abgedrehter*
> *Sportarten, Wettbüros, Spielhöllen und Nacht-*
> *clubs.“*[1]

Das Evangelium von Jesus Christus kam in diese
überwiegend nicht jüdische Stadt und hatte einen
großen Einfluss. In der Apostelgeschichte wird die
Entstehung und das rasante Wachstum der Gemeinde in Antiochia beschrieben (Apostelgeschichte
11,19–26). Dort wurden die Gläubigen zum ersten
Mal „Christen" genannt, und die Gemeinde entwi-
ckelte sich schnell zu einer blühenden, internationalen Kirche mit einer großen Vision.

In der Apostelgeschichte wird von einem Gebetstreffen der Gemeindeleiter berichtet, das den Weg
für ein grundlegend neues Verständnis vom Auftrag
der ersten christlichen Gemeinde bahnte. Unter der
Leitung von Barnabas war das Team zu einer viel-
fach begabten, internationalen Gemeindeleitung
herangewachsen (Apostelgeschichte 13,1–3).

Als die Gemeindeleiter sich Zeit nahmen, Gott
anzubeten und zu beten, erhielten sie durch den
Heiligen Geist eine Botschaft. Es war eine konkrete
Anweisung, dass zwei aus ihrem Team für eine besondere Aufgabe ausgesondert werden sollten, und

nachdem sie noch einmal gebetet hatten, schickten sie Barnabas und Saulus los, um die christliche Botschaft überall dorthin zu bringen, wo Gott sie hinführte. Diese kurze Begebenheit wirft viele Fragen auf, auf die wir keine Antwort finden – aber manches wird auch klar. Hier war eine Gruppe von Leitern versammelt, die sich Zeit zum Beten nahm, genau auf Gott hörte, und die Anweisungen, die sie erhielt, befolgte.

Antiochia wird manchmal auch als die „erste Missionsgemeinde" bezeichnet. Die Christen dort gaben den Startschuss für die ersten gezielten Bemühungen, die Botschaft von Jesus zu verbreiten, und durch ihren Gehorsam entstanden durch die missionarische Arbeit von Barnabas und Saulus – später besser bekannt als Paulus – andere Gemeinden.

Ein viel beschäftigter Pastor

Einen zweiten „Schnappschuss" von den Seiten des Neuen Testaments finden wir in einem Brief an einen jungen Gemeindeleiter. Er heißt Timotheus, und der Brief ist von seinem Mentor und geistlichen Vater, Paulus.

Timotheus hat die Gemeinde in Ephesus geleitet und sah sich einigen großen Herausforderungen gegenüber. Der Brief (1. Timotheus) gehört zu den sogenannten Pastoralbriefen, in denen einige Prinzipien für die Leitung einer christlichen Gemeinde dargelegt werden. Wie es scheint, gab es wohl einige Menschen in der Gemeinde (möglicherweise sogar Leiter), die sich in unnötige Streitereien um unbedeutende Themen verwickeln ließen. Paulus kommt gleich zum Punkt und schreibt seinem Kollegen, wie er mit diesen Menschen umgehen solle (1. Timotheus 1,3–7).

In den letzten zweitausend Jahren hat sich das Gemeindeleben nicht sehr verändert. Es hat schon immer Streitfragen gegeben, an denen sich die Gemeinde zu spalten drohte, und es wird sie auch immer geben. Timotheus sah sich in seiner Gemeinde einigen Leuten gegenüber, die sich auf Nebensächlichkeiten spezialisiert hatten. Es schien, als hätten sie einige „neue Erkenntnisse" gefunden, die Paulus als reine Spekulation, überflüssig und ich-bezogen sieht und die seiner Meinung nach zu Spaltungen führen. Wir kennen zwar nicht alle Einzelheiten, aber wir bekommen zumindest einen allgemeinen Eindruck. Das Hilfreiche daran ist, zu lesen wie Timotheus mit der Sache umgehen soll. Paulus' Brief ist gespickt mit guten Ratschlägen, wie Timotheus die Gemeinde durch diese stürmischen Zeiten bringen soll. Einer davon ist, gute Leiter einzusetzen.

Aber im Zentrum aller Ratschläge – man könnte auch sagen, ganz oben auf der Liste – steht die Aufforderung zum Gebet.

„Das Erste und Wichtigste, wozu ich die Gemeinde aufrufe, ist das Gebet, und zwar für alle Menschen. Bringt Bitten und Fürbitten und Dank für sie alle vor Gott! Betet für die Regierenden und für alle, die Gewalt haben, damit wir in Ruhe und Frieden leben können, in Ehrfurcht vor Gott und in Rechtschaffenheit. ... Ich will, dass überall in den Gottesdiensten die Männer reine Hände zu Gott erheben, im Herzen frei von Zorn oder Streitsucht."
(1. Timotheus 2,1–2+8)

Paulus ermahnt seinen Schützling, dafür zu sorgen, dass das Gebet eine zentrale Rolle im Gemeindeleben von Ephesus spielt. Sie waren stark im Diskutieren, aber schwach im Beten, und Paulus versucht hier, den Schwerpunkt wieder zu verlagern. Aber beachten Sie, dass die Aufforderung zum Gebet sehr breit gefächert ist. Es werden vier verschiedene Ausdrücke benutzt, um dieselbe Tätigkeit zu beschreiben: Gebet, Bitte, Fürbitte und Dank. Manche haben versucht, die Unterschiede und Zusammenhänge zwischen diesen Begriffen ausführlich zu erläutern. Aber wie es scheint, will Paulus hier keinen Vortrag über die verschiedenen Arten des Gebets halten, sondern vielmehr sagen: „Egal wie ihr es macht, Hauptsache, ihr macht es!" Es ist sehr aufschlussreich, dass das Gebet, zu dem aufgefordert wird, nach außen gerichtet ist. Viel zu viele Christen beten sehr egoistische Gebetslisten herunter. Paulus ermahnt die Gemeinde, die Welt um sich herum im Blick zu haben und sogar für den heidnischen römischen Kaiser zu beten. Er betrachtet Gebet – ernsthaftes Gebet – auch als Gegenmittel zu gemeindeinternen Streitereien.

Hier gibt es eine wichtige Lektion zu lernen. Die Gemeinde in Ephesus hatte den Faden verloren und verschwendete ihre Zeit mit Nebensächlichkeiten. Timotheus' Aufgabe als Leiter war es, die Gemeinde wieder auf ein klares Ziel auszurichten, und dabei spielte das Gebet eine wichtige Rolle.

Aus der eigenen Geschichte lernen

In Antiochia veränderte sich das Aufgabenfeld einer ganzen Gemeinde durch Gebet, und Timotheus wurde aufgefordert, ernsthafte Gemeindeprobleme in Ephesus anzugehen, indem er dem Gebet in der Gemeinde einen zentralen Platz einräumte. Wenn wir auf diese Wurzeln unserer christlichen Geschichte schauen, was können wir dann daraus über das Bild einer betenden Gemeinde lernen?

1. Eine betende Gemeinde räumt dem Gebet einen zentralen Platz ein.

In Antiochia widmeten sich die Gemeindeleiter der Anbetung Gottes durch Fasten und Beten, während sie in Ephesus anscheinend das Ziel aus den Augen verloren hatten, weil dem Gebet nicht mehr viel Bedeutung beigemessen wurde. Wie wir die Bedeutung des Gebets zum Ausdruck bringen, ist je nach Tradition, Kultur und Gebetspraxis unterschiedlich. Aber eine betende Gemeinde betet und redet nicht nur vom Beten oder formuliert ein Bekenntnis über das Gebet.

2. Für eine betende Gemeinde ist das Gebet ein Kommunikationsprozess.

Beten heißt nicht nur, dass wir mit Gott reden. Zum Gebet gehört auch, dass wir aktiv auf Gott hören, gemäß einer ganz einfachen Definition: Gebet ist ein Dialog mit Gott. Die intensivsten Beziehungen entstehen dort, wo man nicht nur redet, sondern auch zuhört. Die Gemeinde in Antiochia erhielt eine verblüffende Botschaft – womöglich waren sie davon etwas überrascht. Es war ein hoher Preis für sie, zwei ihrer begabtesten Leiter gehen zu lassen, ohne zu wissen, wie lange sie weg sein würden, wer ihren Platz einnehmen würde und so weiter. Im Gegensatz dazu litt die Gemeinde in Ephesus unter Leitern, die nicht mehr „auf Empfang" waren, weil sie auf die falschen Stimmen gehört hatten.

> Zum Gebet gehört auch, dass wir aktiv auf Gott hören.

3. Für eine betende Gemeinde ist das Gebet der Ort, an dem eine Vision entsteht.

Eine betende Gemeinde trifft nicht nach monatelanger Diskussion eine Entscheidung und hängt dann noch schnell ein Gebet hinten dran, dass Gott sie segnen möge. Vision kommt durch Gebet und wird durch Gebet genährt und am Leben erhalten. Die Gemeinde in Antiochia ist ein verblüffendes Beispiel dafür, was geschehen kann, wenn eine Gemeinde auf Gott hört und im Glauben und Gehorsam Schritte geht. Dagegen hatte Timotheus in Ephesus die Aufgabe, die Gemeinde aus ihren ungesunden Spekulationen und Streitereien herauszuholen und wieder zurück in das Zentrum von Gottes Plan für sie zu bringen, damit sie wieder als Christen in einem sehr heidnischen Umfeld leben konnten.

4. In einer betenden Gemeinde ist das Gebet nach außen gerichtet.

Eine Umfrage unter Christen in Großbritannien hat gezeigt, dass die meisten Gebete sich um persönliche Bedürfnisse oder Bedürfnisse aus dem unmittelbaren persönlichen Umfeld drehen. An diesen Gebeten ist nichts falsch, denn die Bibel lehrt uns, unsere Nöte im Gebet vor Gott zu bringen. Aber wenn unsere Gebete sich ausschließlich um uns selbst drehen, dann fehlt etwas. Schauen wir uns noch einmal Paulus' Anweisung an Timotheus an: Das Gebet sollte umfassend sein und auf Gottes Liebe zu den Menschen und seinem Verlangen, dass sie zum Glauben an Jesus Christus finden, beruhen. Unsere Gebete müssen auch missionarisch ausgerichtet sein.

5. Eine betende Gemeinde weiß, dass sie aufpassen muss, dass das Gebet nicht vernachlässigt wird.

Wie ein Seemann am Schiffsruder, so müssen auch wir unseren Kurs immer wieder überprüfen und wenn nötig korrigieren. Es gibt immer viele gute Ideen und wichtige Anliegen. Wenn wir nicht aufpassen, laufen wir Gefahr, zu viele Dinge auf einmal zu tun, und machen dann alles nur noch halb. „Weniger ist mehr" ist ein kluger Rat. Eine Gemeinde, in der das Gebet im Zentrum steht, schützt sich selbst davor, sich in wildem christlichem Aktionismus zu verlieren.

D. L. Moody schrieb einmal: „Jede große Glaubensbewegung geht auf einen knienden Christen zurück", und der berühmte englische Erweckungsprediger Charles Spurgeon erklärte seiner Gemeinde in London: „Gnade mir Gott, wenn ihr aufhört, für mich zu beten! Lasst es mich wissen, denn dann muss ich aufhören zu predigen." Durch beide kamen Tausende zum Glauben an Jesus Christus.

Aber wie diese Zitate zeigen, wussten beide, dass eine bewegende Predigt das Ergebnis anhaltenden Gebets war.

7.

VER-
ÄNDERT
DAS
GEBET
ETWAS ?

Verändert das Gebet etwas?

In dem Film *Die Truman Show* spielt Jim Carrey die Rolle des Truman Burbank, dessen Leben eine einzige Illusion ist. Was er für das echte Leben hält, ist in Wirklichkeit nur eine aufwendige Fernsehshow, die sich in einer Filmwelt unter einer gigantischen Kuppel abspielt. Tag und Nacht, das Wetter und die Temperatur – alles wird gesteuert. Truman ist der Einzige, der das nicht weiß – alle anderen sind bezahlte Schauspieler. Fünftausend Kameras zeichnen sein Leben rund um die Uhr auf. Truman Burbank ist gefangen in einer Illusion.

Aber dann kommt es zu einer Reihe von Zwischenfällen, die ihn misstrauisch werden lassen, und schließlich entdeckt er die Wahrheit. Als er feststellt, dass dieses Leben gar nicht echt ist, entschließt er sich zu fliehen und ein unechtes Leben gegen ein unsicheres Leben zu tauschen. Er entschließt sich, davonzulaufen und ein echtes Leben zu leben, anstatt eines vorgetäuschten.

Manche Menschen halten gläubige Christen für eine Art Truman Burbank – gute Seelen, die in einer riesigen religiösen Illusion gefangen sind. Sie würden behaupten, dass das Gebet nur ein Anzeichen dafür ist, wie krank diese armen Seelen sind.

Verändert das Gebet etwas? Machen wir uns nur etwas vor, wenn wir beten? Betrügen wir uns selbst damit? Funktioniert das Gebet? Damit sind wir bei unserer letzten FAQ zum Gebet angelangt.

Zufall oder Gebetserhörung?

Zu viele Menschen haben auf ihre Gebete hin Erstaunliches erlebt, als dass man ihre Überzeugungen einfach abtun könnte. Hier von Zufall zu sprechen hieße, die wichtige Rolle, die das Gebet dabei spielte, zu ignorieren. Und dann sind da noch die positiven Auswirkungen, die das Gebet auf die hat, die darauf vertrauen. Pablo Martinez schreibt dazu:

> *„Als Beobachter der menschlichen Natur und als Christ und Psychotherapeut kann ich die psychotherapeutische Wirkung des Gebets nur bestätigen. Kein Psychologe, der sich selbst als wissenschaftlich neutral und vernünftig bezeichnet, kann den unvergleichlichen therapeutischen Wert des Glaubens im Allgemeinen und des Gebets im Besonderen leugnen."*[1]

Das Gebet als Fantasie abzutun hieße, sich über die Tatsachen hinwegzusetzen. Das Gebet verleitet keineswegs zur Realitätsflucht, sondern verleiht Mut, Kraft und Durchhaltevermögen und verhilft Menschen dazu, über sich selbst hinauszuwachsen und erstaunliche Dinge zu erreichen. Und was die Gebetserhörungen angeht, so gibt es davon einfach zu viele, um sie als bloßen Zufall abzutun.

Noch eine Lektion von Jesus in Sachen Gebet

Um die Frage zu beantworten, ob das Gebet wirklich etwas verändert, schauen wir uns noch eine Lektion zum Thema Gebet an, die Jesus seine Jünger gelehrt hat. Sie geht auf die Begebenheiten in Markus 11,12–25 zurück.

Zunächst ist der Abschnitt schwer zu verstehen. Er besteht aus drei einzelnen Begebenheiten, die aber zusammenhängen und sich über einen Zeitraum von vierundzwanzig Stunden erstrecken.

Es ist die letzte Woche, bevor Jesus verraten und hingerichtet wird. Nach Markus' Bericht spielt sich die Angelegenheit Montag und Dienstag vor Karfreitag ab.

Drei Dinge ereignen sich:

* Jesus verflucht einen Feigenbaum
* die Tempelreinigung
* Jesus gibt seinen Jüngern eine praktische Lektion zum Gebet.

Jesus verflucht einen Feigenbaum

Jesus und seine engsten Jünger haben die Nacht in Betanien verbracht und laufen am Morgen die relativ kurze Strecke ins geschäftige Jerusalem. Jesus hat Hunger und sucht auf einem grünen Feigenbaum nach Früchten, findet aber nichts Essbares. So sagt er in Hörweite der Jünger zu dem Feigenbaum: „Von dir soll nie mehr jemand Feigen essen!" (Markus 11,14). Dann wechselt der Schauplatz und Jesus ist mit seinen Jüngern in Jerusalem, genauer gesagt im Tempel.

Aber schon wenige Verse später kehrt Markus noch einmal zu jenem seltsamen Vorfall mit dem Feigenbaum zurück.

Am nächsten Morgen – vierundzwanzig Stunden nachdem Jesus den fruchtlosen Feigenbaum verflucht hatte – macht Petrus eine verblüffende Beobachtung: Der Baum ist bis in die Wurzeln abgestorben. Verwundert macht er Jesus auf diesen erstaunlichen Anblick aufmerksam. Jesus verliert kein Wort über den Feigenbaum, sondern nutzt die Gelegenheit, um dadurch zu veranschaulichen, wie wichtig das Vertrauen in Gott ist und welch ungeheure Kraft das Gebet hat.

Aber es war doch völlig unangemessen von Jesus, Feigen zu erwarten, wenn es – wie Markus berichtet – nicht die Jahreszeit für Feigen war. Nicht alles ist, wie es scheint. Jesus wusste, dass dieser Baum nur Blätter und keine Früchte tragen würde, denn die Anzeichen dafür waren schon da. Manche Ausleger vermuten, dass der Baum nur Blätter, aber keine Vorboten der eigentlichen Feigen hatte (diese Vorboten heißen im Orient *taqsh*). Fehlen diese Vorboten, so wird der Baum keine Früchte tragen. Da Jesus „nichts als Blätter" fand – Blätter ohne *taqsh* – wusste er, dass dieser Feigenbaum hoffnungslos war und keine Früchte tragen würde, und genau das sprach er aus. Diese Erklärung wird von W. M. Christie in *The Barren Fig Tree* (dt.: Der verdorrte Feigenbaum) ausführlich erläutert.[2]

Er hat den Feigenbaum nicht verflucht, weil er beleidigt war, sondern es war das, was wir ein „gelebtes Gleichnis" nennen. Um das zu verstehen, müssen wir uns die Einzelheiten seines Besuchs im Tempel, auf den die Juden so stolz waren, genauer anschauen.

Die Tempelreinigung

Die Bedeutung dieses Ereignisses wird klar, wenn wir uns genauer betrachten, was Jesus im Tempel getan hat. Der Feigenbaum, der zwar viele grüne Blätter, aber keine einzige Feige trug, war symbolisch für den geistlichen Zustand Israels. Markus berichtet, dass Jesus sofort für Aufruhr sorgte, als er den Tempel betrat, weil er die Händler hinausjagte und die Tische der Geldwechsler und die Stände der Taubenhändler umwarf. Außerdem ließ er nicht zu, dass jemand etwas durch den Vorhof trug, denn der Weg durch den Vorhof war die Abkürzung in die Stadt.

Das muss eine sehr lebhafte Szene gewesen sein, und es fällt uns schwer, sie mit dem Bild des liebenden Friedensstifters Jesus in Einklang zu bringen. Warum er so aufgebracht war, erklären zwei Verse aus dem Alten Testament, das die jüdischen Gläubigen angeblich so gut kannten.

Gottes Absicht mit dem Tempel war klar: „Mein Tempel soll eine Stätte sein, an der alle Völker zu mir beten können" (Jesaja 56,7). Aber: „Ist denn dieses Haus, das doch mein Eigentum ist, in euren Augen ein Versteck für Räuber geworden?" (Jeremia 7,11) Indem er diese beiden Verse – den ersten aus Jesaja und den zweiten aus Jeremia – zusammenfügt, spricht Jesus sein Urteil über den geistlichen Zustand des Volkes, das Gott auserwählt hatte, um seinen Segen in die Welt zu bringen.

Was im Tempel vor sich ging, war symptomatisch für das geistlich kranke Israel. Man hatte den Vorhof des Tempels zu einem Marktplatz gemacht und einigen Leuten lag mehr daran, dort Geld zu verdienen, als Gott anzubeten. Überall waren Stände, an denen Opfertiere verkauft wurden. Die einzige Währung, die im Tempel akzeptiert wurde, war der Schekel, und so war alle ausländische Währung – mit dem verhassten Bild Cäsars eingeprägt – verboten. Um Opfer darbringen zu können, musste man die Münzen erst umtauschen, und so sahnten die Geldwechsler kräftig ab. Nach Jesu Aussage wurden die Menschen hier sowohl geistlich als auch finanziell betrogen. In ihrer Religion ging es nur noch darum, was sie einem einbrachte, statt darum, sich selbst Gott hinzugeben.

Jesu heftiger Ausbruch hinterließ Spuren. Viele staunten über seine Worte und Taten – doch die religiöse Führungsschicht kam zu dem Schluss, dass sie ihn nicht länger am Leben lassen durfte. Sie mussten Jesus loswerden – ein für alle Mal.

Eine praktische Lektion zum Gebet

Der Zusammenhang zwischen dem Verfluchen des Feigenbaums und der Tempelreinigung ist der, dass Israel wie dieser unfruchtbare Feigenbaum war. Gottes Urteil würde über sie kommen, und dieser Tempel, auf den die Juden so stolz waren, würde fallen. Gott war dabei, etwas Neues zu tun, und viele hatten es nicht bemerkt. Dass Jesus den Feigenbaum verfluchte, war prophetisch und symbolisierte das, was innerhalb nur einer Generation mit dem Tempel geschehen würde. Er wurde 70 n. Chr. von den Römern völlig zerstört.

Dass Petrus so verwundert war über den verdorrten Feigenbaum, veranlasste Jesus, seinen Jüngern eine Lektion in Sachen Gebet zu erteilen. Dabei machte er zwei wichtige Aussagen zum Glauben und zur Vergebung.

Glaube und Gebet gehören zusammen.

1. Glaube. Jesus erklärt Petrus, dass Glaube und Gebet zusammengehören. Vor allem geht es nicht um irgendeinen vagen Glauben, sondern um das Vertrauen in Gott. Diese Art von Glauben kann Berge versetzen. Zur Zeit Jesu haben die Rabbiner große Probleme oft als „Berge" bezeichnet. Indem Jesus dieses Bild benutzt, sagt er: „Selbst die

größten Probleme, denen ihr euch gegenüberseht, können durch Gebet verändert werden." Jesus bekräftigt das durch eine Verheißung: „Deshalb sage ich euch: Wenn ihr Gott um irgendetwas bittet, müsst ihr nur darauf vertrauen, dass er eure Bitte schon erfüllt hat, dann wird sie auch erfüllt" (Markus 11,24).

2. Vergebung. Dieser erstaunlichen Verheißung schiebt Jesus sofort eine Ermahnung zur Vergebungsbereitschaft gegenüber anderen nach. Wenn wir nicht bereit sind, anderen zu vergeben, wird auch uns nicht vergeben. Unsere Einstellung anderen gegenüber beeinflusst tatsächlich unser Gebet, und Petrus (auf den sich diese Lektion zu konzentrieren scheint) verstand dies offensichtlich ganz deutlich. Jahre später warnte er als Gemeindeleiter die Ehemänner, dass es von ihrem Verhalten gegenüber ihren Ehefrauen abhing, ob ihre Gebete erhört wurden oder nicht: „Ihr Männer müsst euch entsprechend verhalten. Seid rücksichtsvoll zu euren Frauen! Bedenkt, dass sie der schwächere Teil sind. Achtet und ehrt sie; denn sie haben mit euch am ewigen Leben teil, das Gott schenkt. Handelt so, dass nichts euren Gebeten im Weg steht" (1. Petrus 3,7).

> Unsere Einstellung anderen gegenüber beeinflusst tatsächlich unser Gebet.

Vielleicht liegt es an unserem Mangel an Vergebungsbereitschaft, dass durch unsere Gebete nicht mehr „Berge" versetzt werden.

Gebet, das Berge versetzt

Vor Jahren gab es unter den Christen in England ein
sehr beliebtes Motto: Gebet bewegt etwas. Ich habe
lange darüber nachgedacht, ob das wirklich stimmt.
Ich glaube an die Macht des Gebets und habe viele
wunderbare Gebetserhörungen erlebt. Aber nach
meinen persönlichen Erfahrungen und Beobach-
tungen würde ich den Slogan etwas abändern. Ich
glaube, *Gott bewegt die Dinge* und ich glaube, *Gebet
hat Macht.*

Sie denken jetzt vielleicht, ich bin ein Pedant und
halte mich mit Kleinigkeiten auf. Aber denken Sie
noch einmal über die Lektion zum Gebet nach, die
ich gerade erwähnt habe. Jesus hat nicht gesagt:
„Glaube an das Gebet", sondern: „Glaube an Gott."
Der Unterschied ist wichtig: Gott ist die Ursache
und das Gebet die Verbindung zu ihm.

An diesem Punkt verlieren manche Menschen
den Faden, weil sie glauben, wenn sie eine bestimmte Art zu Beten befolgen, dann müsse die Antwort
automatisch kommen. Wenn sie nicht kommt,
muss es irgendeine Blockade geben, und oft wird
der Person, für die gebetet wird, vorgeworfen, sie
habe Sünde nicht bekannt oder nicht genug geglaubt. Dadurch fühlt sich derjenige erst recht
schuldig, wo er oder sie doch ohnehin schon eine
schwere Last trägt. Man fühlt sich dadurch noch
weiter von Gott und seiner verändernden Liebe entfernt.

Die Antwort auf jedes Gebet liegt in Gottes Hand.
Deshalb müssen wir immer nach seinem Willen beten, und nicht nach unserem eigenen. Jemand hat
einmal gesagt: „Wir können nur die Berge versetzen, die Gott versetzen möchte – nicht die, die wir
versetzen möchten."

Gott gibt vier verschiedene Antworten auf unsere Gebete:

- Ja.
- Nein.
- Warte.
- Ich habe etwas Besseres für dich.

Reife zeigt sich nicht nur darin, dass wir die Antwort verstehen lernen, sondern auch darin, dass wir sie akzeptieren. Dieses Verständnis sollte nicht dazu führen, dass unsere Gebete abflachen, sondern dass wir noch treffender und leidenschaftlicher beten.

Bei Gebeten, die Berge versetzen, geht es darum, noch näher zu Gott zu kommen, ihn in die Einzelheiten unseres Lebens einzubeziehen, ihn durch unsere Gebete zu bitten, in seiner Weisheit einzugreifen, und dann staunend und anbetend zuzusehen, wie er seinen Willen in unserem Leben und durch unser Leben verwirklicht, zu seiner Ehre.

Ein unbekannter Soldat der Südstaaten, der in den 1860ern im Amerikanischen Bürgerkrieg kämpfte, schrieb folgendes Gebet und hinterließ es als Beweis dafür, welche Macht Gott durch das Gebet ausüben kann. Es erinnert uns daran, dass Gott unsere Gebete hört und darauf antwortet. Aber weil er ein liebender Vater ist, gibt er uns immer das, was wir brauchen, statt das, was wir wollen.

> *„Ich bat Gott um seine Kraft,*
> *um etwas zu erreichen,*
> *und er machte mich schwach, damit ich lernte,*
> *ihm demütig zu gehorchen.*
> *Ich bat um Gesundheit,*
> *damit ich Größeres vollbringen könnte,*

und er machte mich gebrechlich,
damit ich Besseres vollbringen konnte.
Ich bat um Reichtum, um glücklich zu sein,
er gab mir Armut, damit ich weise würde.
Ich bat um Macht,
damit mir die Ehre der Menschen sicher sei,
er gab mir Schwachheit,
damit ich meine Abhängigkeit von Gott spürte.
Ich bat um alles, um das Leben zu genießen,
er gab mir mein Leben,
damit ich alles genießen konnte.
Er gab mir nichts von dem, worum ich bat,
aber alles, was ich mir erhofft hatte.
Er erhörte meine Gebete trotz meiner selbst.
Ich bin der am reichsten gesegnete Mensch."

Verändert das Gebet etwas? Nein – Gott verändert es. Aber das Gebet ist das Werkzeug, das er uns dazu gegeben hat.

P.S.

P.S

P. S.

Als ich etwa acht Jahre alt war, wurde ich zum ersten Mal betrogen. Ein älterer Junge zeigte mir auf dem Schulweg einen Zauberbusch und behauptete, wenn ich ihm etwas von meinem Taschengeld abgäbe und mir dabei etwas ganz fest wünschte, würde das, was ich mir wünschte, innerhalb der nächsten vierundzwanzig Stunden in der Mitte des Busches erscheinen. Natürlich gab ich ihm das Geld und leierte eine lange Liste von Dingen herunter, die ich mir wünschte. Glauben Sie mir, einem Achtjährigen fällt viel ein, was er sich wünschen kann.

Vierundzwanzig Stunden später konnte ich es kaum erwarten, bis die Schule aus war. Ich rannte die Straße hinunter und fing an, eifrig den Busch zu durchsuchen. Es war ein großer, dichter, dorniger Busch, und ich machte mich schmutzig, schwitzte und zerkratzte meine Haut. Und ich lernte sehr viel daraus.

Im zarten Alter von acht Jahren hatte ich gelernt, dass es keine Zauberbüsche gibt.

Ich habe einige Menschen kennengelernt, die die gleiche Erfahrung mit dem Gebet gemacht haben. Sie haben irrtümlich angenommen, es sei ein Zauberbusch – man müsse nur erbitten was auch immer man haben wolle, und dann bekomme man es. Sie haben es nicht bekommen und daraus geschlossen, dass das Gebet nicht funktioniert – und dass es Gott wahrscheinlich gar nicht gibt.

Aber – und ich hoffe, dass dieses Büchlein das gezeigt hat – das Gebet funktioniert nicht wie ein „Zauberbusch". Gott hat uns dieses unglaubliche Geschenk gemacht, damit wir ihn kennenlernen, verstehen und erleben können. Im Grunde geht es beim Gebet um unsere Beziehung zu Jesus Christus.

Während ich dieses Buch schreibe, habe ich einige Freunde gebeten, mir etwas über ihre eigenen Erfahrungen mit dem Gebet zu schreiben. Als ich ihre Antworten las, wurde mir klar, dass ich sie in dieses Buch mit einbeziehen musste. Sie erinnern uns daran, dass es beim Gebet um unsere Beziehung zu Gott geht – eine Beziehung, in der wir lernen und wachsen können. Und durch diese Beziehung können wir entdecken, wie Gott handelt und wie wir in seine Pläne einbezogen werden können.

Beim Gebet geht es nicht einfach darum, das zu bekommen, was ich will. Es geht darum, zu entdecken, was Gott will.

Ich hoffe, dass die Beiträge meiner Freunde Sie dazu inspirieren, im Glauben zu beten und dann zu erleben, was Gott tun kann.

Ich will hier einmal den Anfang machen und zwei Dinge berichten, die ich über das Gebet gelernt habe und immer noch lerne.

1. Mit anderen beten

Ich habe festgestellt, dass es wirklich hilft, mit anderen zu beten – ganz besonders wenn mein eigener Glaube und meine Disziplin gerade an einem Tiefpunkt sind. Ich war schon in verschiedenen Gebetskreisen, je nach meinen Arbeitszeiten und meinem Wohnort. In einer Gruppe war ich fünfzehn Jahre lang und habe durch die Beziehungen, die entstanden sind, viel gelernt. Derzeit treffe ich mich mit jemandem regelmäßig zum Gebet. Wir machen Gebetsspaziergänge und stellen fest, dass geistliche und körperliche Übungen sehr gut zusammenpassen.

2. Gebete aufschreiben

Für mich ist es hilfreich, wenn ich die Namen der Menschen, für die ich bete, und worum ich Gott für sie bitte, aufschreibe. Es hilft mir auch, konkrete Gebetserhörungen aufzuschreiben. Das baut meinen Glauben auf, wenn ich gerade mal entmutigt bin, und es sind schriftliche Beweise für Gottes Treue.

Ich hoffe, dass die nachfolgenden Beiträge hilfreich für Sie sind, und vor allem, dass sie Sie ermutigen zu beten und nicht aufzugeben.

Rob Frost

Share Jesus International, eine evangelistische Organisation mit Sitz in England

Meine Auffassung von Fürbitte hat sich mit der Zeit verändert. Früher war sie für mich eine Art Einkaufsliste für meine eigenen Bedürfnisse, die meiner Freunde und Verwandten und dem Rest der Welt. Aber jetzt sind Fürbittgebete für mich keine bloßen Worte mehr, sondern Ausdruck meiner tiefsten Gefühle.

Ich halte es mit Paulus: „Wir sind schwache Menschen und unfähig, unsere Bitten in der rechten Weise vor Gott zu bringen. Deshalb tritt sein Geist für uns ein mit einem Stöhnen, das sich nicht in Worte fassen lässt. Und Gott, vor dem unser Innerstes offen liegt, weiß, was sein Geist in unserem Innern ihm sagen will. Denn so, wie es vor Gott angemessen ist, legt er Fürsprache ein für die, die Gott als sein Eigentum ausgesondert hat" (Römer 8,26–27).

Wenn ich in das „Allerheiligste" komme, wo Jesus zur Rechten Gottes sitzt, so glaube ich nicht, dass er will, dass ich ihm eine lange Liste von dem herunterleiere, was er für mich tun soll. Er kennt die Liste ohnehin schon, ehe ich zu ihm komme. Nein, er will mein Herz. Er will sehen, ob es mir wirklich ernst ist, ob es mir eine Last ist und ob ich von ganzem Herzen hinter dem stehe, worum ich ihn bitte.

Wenn ich jetzt für andere bete, so mache ich mir nicht mehr so viele Gedanken darum, ob ich die richtigen Worte finde, sondern vielmehr darum, ob ich die Nöte, die ich vor ihn bringe, auch wirklich als Nöte empfinde.

R. T. Kendall

Autor, Prediger und ehemaliger Hauptpastor der Westminster Chapel in London

Was ich über das Gebet herausgefunden habe:

1. Zeit, die wir mit Gott verbringen, ist nie verschwendete Zeit.
2. Indem ich viel Zeit in Gottes Gegenwart verbringe, lerne ich mehr darüber, wie er ist.
3. Ich spüre Gottes Segen mehr, wenn ich viel bete, aber weniger, wenn ich weniger bete.
4. Ich bin umgänglicher, wenn ich ausreichend Zeit alleine mit Gott verbracht habe.
5. Ich habe mehr Erkenntnisse beim Bibellesen, wenn ich mehr bete.
6. Gebet und Bibellesen sind genauso wichtig wie Sonne und Regen.
7. Je mehr ich bete, desto mehr Dinge kann ich erledigen.
8. Es ist genauso wichtig, Gott zu danken, wie ihn zu bitten.
9. Wenn Sie nicht wissen, wie Sie mehr Zeit im Gebet verbringen sollen, dann machen Sie sich eine Gebetsliste und erweitern Sie sie ständig.
10. Für andere mithilfe einer Gebetsliste zu beten, tut meiner Seele mindestens genauso gut, wie für mich selbst zu beten.

Peter Maiden

Internationaler Leiter von Operation Mobilisation

Mich tagsüber mit meinem Gott zu unterhalten, ist für mich eine ganz reale und sehr besondere Erfahrung. Aber ich glaube, ich brauche mehr als das. Jesus nahm sich immer wieder ganz besondere Zeiten mit seinem Vater. Ich weiß, dass ich das auch will und brauche. Aber es ist ein ständiger Kampf, mir diese Zeiten zu nehmen und sie intensiv zu nutzen. Weil ich oft versagt habe, habe ich Folgendes gelernt: Zuerst einmal muss ich diese Zeiten fest in meinen Terminkalender eintragen und sie vorrangig behandeln. Zweitens muss ich diese Zeiten vorbereiten. Ich brauche den richtigen Ort dafür und muss mir die Zeit einteilen, sonst träume ich die meiste Zeit davon, dass England Kricket-Weltmeister wird. Und Drittens müssen diese Zeiten abwechslungsreich sein. So habe ich kürzlich entdeckt, dass ich auch Zeiten der Stille und des Hörens auf Gott brauche, statt nur zu reden. Und ich habe Liturgien entdeckt. Ich versage immer noch manchmal, aber ich bemühe mich weiter, weil ich überzeugt bin, dass solche Zeiten extrem wichtig sind.

Derek Tidball

Schulleiter der London School of Theology

Das Wichtigste, das ich über das Gebet gelernt habe, ist, dass wir es entmystifizieren müssen. Es ist nichts anderes als ein Gespräch zwischen Freunden und sollte so tief und abwechslungsreich, so hingebungsvoll und hilfreich, so gesund und ehrlich sein, wie Gespräche zwischen Freunden eben sind.

Aber auch wenn es ein Gespräch zwischen Freunden ist, so ist es doch kein Gespräch zwischen ebenbürtigen Gesprächspartnern. Gott steht eindeutig über uns in dieser Beziehung. Seine Macht ist überwältigend; er ist ganz und gar heilig; sein Wille steht über allem, und seine Gnade genügt. Wenn das nicht so wäre, wäre es sinnlos, mit ihm zu sprechen. Die einzig wirklichen Grundlagen für unser Gespräch mit ihm sind sein Charakter und sein Liebesbündnis mit uns – das haben schon die großen Beter wie Abraham, David, Daniel und Nehemia gezeigt. Unser Gebet sollte sich viel, viel mehr um ihn drehen und viel weniger um uns, als es oft der Fall ist.

Dotha Blackwood

Dozentin für Theologie und biblische Studien und Praxisleiterin am Moorlands College

Hmm! Wie soll ich anfangen ...? Ich bin in einer sehr großen Pfingstgemeinde auf Jamaika aufgewachsen und habe schon früh gelernt, dass man ein betender Mensch sein muss, wenn man etwas erreichen will (oder besser gesagt, wenn man ein „richtiger" Christ sein will). Es gab wöchentliche Gebetstreffen, und auch Gebetsnächte standen einmal im Monat auf dem Programm. Außerdem gab es jedes Jahr einen Fasten- und Gebetsmonat, bei dem man als Leiter dabei zu sein hatte. Wir wurden auch dazu angehalten, „früh aufzustehen" und „den Tag richtig zu beginnen" – mit einer (mindestens) einstündigen Gebetszeit.

Jahrelang habe ich brav mitgemacht, habe versucht, so zu beten wie die anderen und habe andere ermutigt mitzumachen, bis ich eines Tages – das ist jetzt schon einige Jahre her – durch die Straßen von Kingston ging und laut sagte: „Gott, ich habe einfach keine Lust mehr. Das funktioniert überhaupt nicht!" Ich war völlig überrascht, als ich ganz deutlich Gottes Stimme hörte, die zu mir sagte: „Sehr gut! Jetzt können wir endlich miteinander reden." Typisch ich – ich habe sofort geantwortet: „Was? Einfach miteinander reden?"

Um es kurz zu machen, seit damals habe ich entdeckt, dass Gebet tatsächlich nichts anderes ist, als MIT GOTT ZU REDEN und es zuzulassen, dass Gott auf die Art antwortet, die er für die beste hält. Ich habe viel von den Psalmschreibern gelernt und schätze ihre Offenheit sehr. Sie hatten nicht immer das Gefühl, dass alles so lief, wie sie es wollten, und haben das ganz ehrlich gesagt, aber gleichzeitig haben sie Gott als den allmächtigen Herrn anerkannt.

Jeremia ist ebenfalls einer meiner Lieblinge. Er hatte einige sehr ernste Gespräche mit Gott und manchmal wirkt er geradezu wie ein kleines Kind, das vor lauter Frust mit den Fäusten auf die Brust des Vaters trommelt. Mir fällt auf, dass Gott das scheinbar gar nichts ausmacht. Jeremia gefiel Gottes Antwort nicht immer (besonders wenn er keine bekam!), aber er war ehrlich. Das ist wahrscheinlich das Wichtigste, was ich im Laufe der Jahre über das Gebet gelernt habe: Ich darf (um es mit den Worten des Theologen J. A. T. Robinson zu sagen) ehrlich sein mit Gott! Er ist kein Ungeheuer irgendwo da oben im Himmel, das nur darauf wartet, ob, wie oft oder was ich bete, um dann zu entscheiden, ob er mir „eins überzieht". Er ist ein gnädiger, liebender Vater, der sagt: „Komm zu mir."

Ich habe auch endlich gelernt, dass Beten Disziplin erfordert und dass es hilft, sich eine Routine anzueignen, aber dass man kein schlechtes Gewissen haben sollte, wenn das Leben, der Tod oder andere Zwischenfälle einem einen Strich durch die Rechnung machen. Ach, übrigens ist es gar keine schlechte Idee, früh aufzustehen, um zu beten!!!

Steve Brady

Direktor des Moorlands College

Ich habe gelernt, dass „Nein" auch eine Gebetserhörung ist. Meine Frau Brenda war gerade dreißig, als bei ihr eine unheilbare Krankheit festgestellt wurde: Multiple Sklerose. Man kann mit Recht sagen, dass über die Jahre Tausende von Christen für ihre Heilung gebetet haben, und einige haben auch direkt mit ihr zusammen gebetet und ihr die Hände aufgelegt. Nach siebenundzwanzig Jahren hat sie immer noch MS und die Krankheit schreitet weiter fort.

Für manche Christen ist das schwer zu verstehen: Warum hat Gott sie nicht geheilt? Ist unser Glaube zu schwach? Liegt es an irgendeiner nicht bekannten Sünde? Oder liegt ein Fluch auf unserer Familie? Unter seelsorgerlichen Gesichtspunkten sind die meisten dieser gut gemeinten Erklärungsversuche der Weg in die Verzweiflung. Könnte es nicht auch sein, dass Gott damit irgendetwas anderes im Sinn hat? Ich glaube, ja.

In all den Jahren sind uns immer wieder Bibelverse wichtig geworden und haben uns getragen: „Musst du durchs Wasser gehen, so bin ich bei dir" (Jesaja 43,2); „Diese Krankheit führt nicht zum Tod. Sie dient dazu, die Herrlichkeit Gottes offenbar zu machen" (Johannes 11,4); „Was ich tue, kannst du jetzt noch nicht verstehen, aber später wirst du es begreifen" (Johannes 13,7). Doch es gibt vielleicht keine eindeutigeren Verse als die, in denen Paulus von seinem Wunsch schreibt, von seinem „Stachel im Fleisch" befreit zu werden. Obwohl er Gott mehrfach angefleht hatte, diesen von ihm zu nehmen, bekam er eine verblüffende Antwort: „Du brauchst nicht mehr als meine Gnade. Je schwächer du bist, desto stärker erweist sich an dir meine Kraft" (2. Korinther 12,9).

Als menschlicher Vater, der für sich keine Unfehlbarkeit in Anspruch nimmt – obwohl meine Kinder glauben, ich tue es ständig! –, passiert es mir öfter, dass sie mein „Nein" auf ihr inständiges „Ich brauche das unbedingt!" nicht verstehen. Ich weiß nicht, warum Gott auf unsere Gebete manchmal mit „Nein" antwortet. Aber ich habe gelernt, dass mein Vater im Himmel es wirklich am besten weiß und uns in Christus Kraft für heute und Hoffnung für morgen gibt. Eines Tages werde ich froh sein um die Gebete, die er mit „Nein" beantwortet hat.

Rob Parsons

*Geschäftsführer der englischen Hilfsorganisation
für Familien, Care for the Family*

Der berühmte schottische Prediger Alec Motyer hat einmal gesagt: „Wenn Gott sich verpflichtet sähe, alle meine Gebete mit ‚Ja' zu beantworten, würde ich es nie wieder wagen, ihn um irgendetwas zu bitten." Ich glaube, er hat recht. Wenn Gott alle meine Gebete mit „Ja" beantwortet hätte, hätte ich das Mädchen mit den schönen rotblonden Haaren geheiratet, in das ich mit elf Jahren verliebt gewesen war. Aber mit zunehmendem Alter habe ich es immer mehr zu schätzen gelernt, dass der Allmächtige mir nicht alle meine Bitten gewährt hat.

Das Seltsame am Älterwerden ist, dass ich zu den Liedern zurückkehre, die ich als Kind in der Sonntagsschule gesungen habe. Aber jetzt verstehe ich sie ganz neu. Hier ist eine Strophe aus einem Lied, das mir meine Sonntagsschullehrerin beigebracht hat:

> *„Gott hat den Schlüssel zu allem Unbekannten,
> und deshalb bin ich froh.
> Wenn andere den Schlüssel hätten
> oder wenn er ihn mir gäbe,
> wäre ich vielleicht traurig."*

Herr, sei gnädig und behalte den Schlüssel bei dir.

Rosemary Conley

Ernährungs- und Fitnessberaterin

Meine Gebetszeit am frühen Morgen ist mir wirklich wichtig, denn ich habe immer das Gefühl, sie macht mich fit für den Tag. Ich wünschte, ich wäre beim Sporttreiben auch so konsequent! Vor zwanzig Jahren habe ich mein Leben Jesus gegeben, und schon bald wurde das Gebet zu einer täglichen, guten Routine. Für mich ist eine Gebetsliste hilfreich und ermutigend, ganz besonders, wenn ich eine alte Liste irgendwo in einer Schublade finde und feststelle, wie viele dieser Gebete erhört wurden. Ich habe auch festgestellt, dass es andere sehr ermutigt, wenn ich ihnen sage, dass ich für sie gebetet habe oder dass sie auf meiner Gebetsliste stehen.

Mein Vater hat immer frühmorgens gebetet und ist jeden Dienstagabend in eine Kleingruppe seiner Gemeinde gegangen. Meine Mutter war zwei Jahre zuvor gestorben, und mein Vater lebte alleine. Eines Morgens, während seiner Gebetszeit, hatte er das Gefühl, Gott sage ihm, er solle Mabel, ein Mitglied seiner Kleingruppe, heiraten. Vater war neunundsechzig, und Mabel hatte ihre Eltern bis zu deren Tod einige Jahre zuvor gepflegt, war ledig und einundfünfzig.

Vater war so aufgeregt über diese Offenbarung, dass er sofort zu Mabel ging, die ein paar Häuser weiter wohnte, und ihr die Nachricht überbrachte! Mabel, die noch nie einen Freund gehabt hatte, war verständlicherweise etwas schockiert. Anscheinend hatte mein Vater gesagt, er wolle jetzt in die Stadt gehen und ein paar Einkäufe machen und werde dann auf dem Rückweg wieder vorbeikommen, um eine Antwort von ihr zu bekommen.

Vier Monate später waren Vater und Mabel verheiratet und lebten hingebungsvoll zusammen, bis er im hohen Alter von achtundachtzig Jahren starb. Mabel pflegte ihn liebevoll durch einige schwere Jahre hindurch, in denen die Alzheimer-Krankheit sein Leben zunehmend bestimmte.

Vaters Fähigkeit, Gottes Stimme so klar zu hören, sein Gehorsam und Mabels Vertrauen in Gott können für uns alle lehrreich sein.

David Coffey

Präsident des Weltbundes der Baptisten

Ob die Pflicht des Gebets zum Vergnügen wird, hängt von der Disziplin beim Beten ab. Ich benutze „Auslöser", die mich zum Beten anregen. Die erste Tasse Tee am Morgen ist solch ein Auslöser für meine Frau und mich, um für unsere Familie und unsere Freunde zu beten. Als ich vor einigen Jahren mit unserem Hund spazieren ging, ernannte ich einen „Gebetspfosten" und eine „Denkbrücke" zu Punkten, an denen ich stehen bleiben, still sein und auf Gott hören wollte.

Ich benutze die Bibel, um mich zum Beten anzuregen. Einen Psalm zu lesen und ihn zu meinem persönlichen Gebet zu machen, ist sehr bereichernd. Ein Freund meinte einmal, wenn wir Psalmen beten, beten wir im Einklang mit Jesus, der die Psalmen durch seinen eigenen Gebrauch davon geheiligt habe.

Der Bibelvers „Betet unablässig" (1. Thessalonicher 5,17) ist eine Einladung, jederzeit und an jedem Ort zu beten. Ich habe festgestellt, dass ich beten kann, wenn ich irgendwo anstehen muss und den unglücklichen Gesichtsausdruck von jemandem sehe, der niedergeschlagen ist. Ich bete oft für meine Nachbarn, wenn ich die Straße entlanggehe, und flüstere ein „Friede sei mit diesem Haus!" an jeder Haustür. Wenn es heißt, ich soll meinen Nächsten lieben, dann fängt das beim Gebet an.

Und auch mit anderen zusammen zu beten ist sehr ermutigend. In Gebetskreisen zeigt sich, wer die Gabe des Glaubens und des Gebets hat. Wenn wir mit anderen beten, öffnen sich zwar nicht alle verschlossenen Türen, aber es werden Weisheit und prophetische Gaben freigesetzt und der Glaube wird gestärkt.

Lyndon Bowring

Vorsitzender von Care

Jahrelang hatte ich ein schlechtes Gewissen, weil ich meinte, nicht genug zu beten. Aber Gott hat mir geholfen, ein bisschen altmodischen Drill in mein Gebetsleben zu bringen, und das funktioniert bei mir.

Ich habe immer eine Karte bei mir, auf der eine ganze Reihe Menschen stehen, für die ich bete. Ganz gleich ob ich spazieren gehe, unterwegs bin, am Schreibtisch oder in meinem Lieblingsgebetssessel sitze, ich hole sie überall heraus.

Oft ist das reine Pflichterfüllung. Aber wenn ich die Liste durch habe, habe ich dieses gute Gefühl, etwas geleistet zu haben, und dann ist mein schlechtes Gewissen wie weggeblasen!

Ich bete auch nach Matthäus 5,8 um ein „reines Herz", oder auch um „reine Motive", damit ich besser erkennen kann, wo Gott am Werk ist.

Ich bete jeden Tag das Vaterunser und halte dabei mindestens zweimal bewusst inne: bei „dein Wille geschehe" – zeige mir heute deinen Willen – und bei „führe uns nicht in Versuchung" – hilf mir, demütig zu sein, damit ich nicht in Versuchung geführt werden muss.

Und das gute Gefühl überwiegt fast immer den Drill!

Graham Kendrick

Sänger, Liedermacher und Mitbegründer
des Jesus-Marsches

„Wählen Sie die richtigen Spurrillen – Sie fahren die nächsten 100 Meilen darin!" So lautet ein Graffiti-Spruch auf einem Schild an einer einsamen Landstraße im Hinterland von Australien. Auch beim Beten können wir in ausgefahrene Spurrillen geraten, vor allem wenn unsere Themen und Formulierungen überwiegend durch unsere Bedürfnisse, eingeschliffene Gewohnheiten oder unsere gegenwärtige Stimmung geprägt sind.

Obwohl es besser ist, beim Gebet eingefahrenen Spurrillen zu folgen als gar nicht zu beten, bietet uns die Bibel einen Fluchtweg an. Er heißt „die Psalmen". Wenn ich diese vom Heiligen Geist inspirierten „Herzensschreie" als Vorbereitung auf das Gebet benutze – idealerweise lese ich sie laut –, dann richte ich mich nach Gottes „Gebetsliste", entdecke seine Wahrheiten, seine göttliche Perspektive, nehme seine Sätze und sein Lob in meinen Mund, und meine Augen erheben sich zur Größe Gottes, der unsere Gebete erhört. Spontaneität ist wunderbar – wenn sie kommt! Aber die Psalmen sind Gottes Aufzug, mit dem er unsere Gebete auf eine neue Ebene bringt.

Quellenverzeichnis

Kapitel 1: Warum ist Beten wichtig?

[1] Tim Chester: *The Message of Prayer, The Bible Speaks Today – Bible Themes Series*. IVP, Leicester 2003. S. 27.

[2] David Jackman: *Abraham – Believing God in an Alien World*. IVP, Leicester 1987. S. 123–124.

Kapitel 3: Wie betet man richtig?

[1] Pablo Martinez: *Prayer Life – How Personality Affects the Way You Pray*. Spring Harvest Publishing Division und Paternoster Lifestyle, Carlisle 2002. S. 34.

[2] ebd. S. 35.

[3] Der Theologe James Dunn hat in Jesu Lehre über das Gebet vier Schlüsselthemen hervorgehoben: 1. Vertrauen, 2. Vergebung, 3. Beharrlichkeit und 4. Gemeinschaft. Siehe auch J. Green und S. McKnight, Hrgs.: *Dictionary of Jesus and the Gospel*. IVP, Illinois 1992. S. 617–625.

[4] E. M. Baliklock: *Our Lord's Teaching on Prayer*. Oliphants Ltd., London 1964. S. 16.

Kapitel 5: Wie kann ich beten lernen?

[1] Gerard Kelly: *The Games People Pray*.

[2] Tim Chester: *The Message of Prayer, The Bible Speaks Today – Bible Themes Series*. IVP, Leicester 2003. S. 46.

[3] Eugene H. Peterson: *The Message*, The New Testament in Contemporary English. NavPress, Colorado Springs 1993.

Kapitel 6: Woran erkennt man eine betende Gemeinde?

[1] William Barclay: *The Daily Study Bible, The Acts of the Apostles*. St. Andrews Press, Edinburgh 1955. S. 94.

Kapitel 7: Verändert das Gebet etwas?

[1] Pablo Martinez: *Prayer Life – How Personality Affects the Way You Pray*. Spring Harvest Publishing Division und Paternoster Lifestyle, Carlisle 2002. S. 77.

[2] W. M. Christie: *The Barren Fig Tree*, in: Walter C. Kaiser jr., Peter H. Davids, F. F. Bruce u. Manfred T. Brauch: *Hard Sayings of the Bible*. IVP, Downers Grove, Illinois 1996.